U0927319

价值为本

VALUE-BASED

叶荣祖　黄伟明◎著

图书在版编目（CIP）数据

价值为本 / 叶荣祖，黄伟明著. —北京：企业管理出版社，2019.2
ISBN 978-7-5164-1888-8

Ⅰ.①价… Ⅱ.①叶… ②黄… Ⅲ.①企业—价值论—研究 Ⅳ.①F270

中国版本图书馆CIP数据核字(2019)第019376号

书　　名：价值为本
作　　者：叶荣祖　黄伟明
责任编辑：张 羿
书　　号：ISBN 978-7-5164-1888-8
出版发行：企业管理出版社
地　　址：北京市海淀区紫竹院南路17号　　邮编：100048
网　　址：http://www.emph.cn
电　　话：总编室（010）68701719　发行部（010）68414644
　　　　　编辑室（010）68701661　（010）68701891
电子邮箱：emph003@sina.cn
印　　刷：北京美图印务有限公司
经　　销：新华书店
规　　格：170毫米×240毫米　16开本　14印张　186千字
版　　次：2019年2月第1版　2019年2月第1次印刷
定　　价：48.00元

序
PREFACE

营造价值引爆点

2018 年 11 月，美股突然暴跌并迅速波及全球。针对美股行情，大批分析师悲观地表示，美股长达 9 年之久的牛市可能即将落下帷幕；更是有人大胆预言，10 年之前的金融海啸即将再次席卷全球。

对于企业来说，危机正在来临：产品越来越不好卖，营销越来越难，利润越来越薄……同时面对经济形势的转变，众多企业受到多重压力。不只中小企业如履薄冰，大企业也生存维艰。

曾经的国产冰箱“老大哥”新飞、国内最大家具企业之一诚丰家具，它们坚持过往的捷径与经验，不肯轻易改变。结果是，它们相继走上了破产之路。这是因为，以往的捷径成了布满陷阱的险路，不肯改变其市场价值只能被取代，并被历史的长河淹没。

今天，企业的规模优势已显疲软，效率优势正处强势；人口红利已近尾声，人脑红利正在开启；旧的经济秩序已然崩塌，新的经济秩序正在建立；暴利时代已经远去，猎富时代正式来临。

时代在改变，需求在改变，痛点在改变，这些推动着商业的重构。在重构中，原来的那些市场手段被彻底颠覆，新的商业模式被塑造。

面对未来，怎样应对？

未来是“价值”创造利润与财富的时代！原来我们引以自豪的“低成本、大市场、快发展”的时代已经过去，转变而来的是“高成本、小市场、慢发展”的格局！未来的竞争将从“产品为王”转变到“顾客体验”，从企业“硬实力”转变到企业“软实力”的价值争夺。

结果是客观而残酷的，但过程却并非是一成不变的。对企业来说，激烈的市场竞争并不可怕，可怕的是难以克服的痛点和陈旧的商业模式，可怕的是在市场之中没有存在的价值。

企业必须实现从“经营市场”到“经营价值”的转移，这才是商业的正道！

本质上，人们买的不是东西，而是他们的期望。消费者希望在交易过程中实现一定的顾客价值。

产品营销中，我们需要将产品或服务的“价格”营销转换成“价值”营销，才能提升企业的盈利水平。

现在的产品同质化很严重，怎样去构造你所生产的产品的价值？

一台 100 元的吹风机，通过设计改良，可以卖到 2000 元。这就是被称为“中产收割机”的戴森运营思路。超出的 1900 元就是卖“价值”带来的超额利润，因为顾客购买的不是吹风机，而是享受“中产”标签的质感。

冷兵器时代，靠的是关系型营销、产品型营销、顾问型营销；马上来临的人工智能时代、大数据时代，你需要的是现代化武器——价值化营销。

武器决定战略，用一挺马克沁机枪可以撂倒 1000 名拿长刀的战士，这叫降维打击，也是方法论升级的意义所在。

新时代已经来临，原来靠一招两招占领市场的手段已经失灵，一夜暴富的时代已经远去，现在需要核心武器，需要多种技术的组合，发现自己与市场的价值，只有这样才能让企业和自己的财富出现爆裂式的增长。

30年后，中国企业融入世界，企业变大，世界更大，中国企业下一个发展机会来源于成为价值型企业的过程。

通过价值重塑，将为企业家打通自身“任督二脉”，突出重围，转型升级，做强做大出谋献策，助力企业转型、从容应对挑战、勇攀事业新高峰！

价值型企业即使在最艰难的日子里，也会不断抬头、目视前方，坚持为未来谋划、为长远布局。

从“规模强”通向“价值强”的道路肯定不会是一条坦途，但正因其不易，中国企业在这场“上去或者出去（Up or Out）”的生死转型之战中才能觅得“涅槃”的机会。

企业的生命力在于不断地创造价值，而无法解决发展价值的商业模式只会让企业的生命力不断消散。对此，本书将通过三个部分来帮助读者解决上面所提到的价值问题。

第一部分：企业之痛，逐一而解。在商海中沉浮的企业大多都面临着同质化、价格战、利润薄等痛点，这些痛点成为其发展的瓶颈。本部分从这三大痛点着手，以一个个详实的案例和具体的措施，告诉企业应如何将产品从同质化转为个性化，将营销从价格战转向价值战，将经营从利润薄转到利润区。

第二部分：价值之路，发展之基。当今企业之间的竞争是商业模式的竞争，要想彻底解决企业面临的痛点还要从根本上重塑商业模式。本部分聚焦价值创新，从技术、渠道、管理、资本四个方面讲述企业模式之变；通过四大杠杆，即用学习换机遇、用成本换市场、用创新换认同、用速度换资本，帮助企业塑造竞争力；通过持续力、创新力、适应力、领导力、人才力、竞争力的塑造，稳固企业的发展。

第三部分：贡献价值，未来可期。贡献价值是企业经营的第一理想，深谙贡献价值的企业未来有无限的想象空间。本部分依次讲述企业与员工、客户、社会之间的关系，为企业明确价值贡献的对象，并为企业构建了价值为本的商业模式，为其长久发展助力。

成功的价值型企业应当懂得重视未来，并且科学地规划未来，树立可持续、长远发展的观念。

价值为王的时代已经到来，企业必须逆势而为，创造价值引爆点，开启企业无形资本，重塑企业价值竞争力，如此才会更具生命力与发展力，迎来财富增长。

目录
CONTENTS

第一部分　企业之痛，逐一而解

第三部分　贡献价值，未来可期

第一部分

企业之痛，逐一而解

第一章
巨变时代的定局与破局

市场竞争无处不在，商海之战也日益升级。困局中的商业巨头可能无奈崩塌，而小微企业也可能成长为独角兽。

崭新的商业时代已经展现在世人眼前，商场变得更加复杂、更具挑战，同时也变得更加多元、更具活力。你是主动布局成为有价值的企业，打造漫长的流金岁月，还是在价值洼地中被动等待，踏上挣扎之路呢？

第一节　商海之战，永不落幕的兴与衰

在这个时代，每天都有新企业的诞生，它们或是强势入局引领整个行业的发展，或是昙花一现只是走个过场。企业经营者需要警惕的是，若是不能及时消化、吸收新的商业模式精华，提升自身价值，那么往往便只能被淘汰。同样，若是新企业缺少提升价值的商业模式便匆匆入局，那么也只能以失败黯然收场。

✧ 深度洗牌，拐点已来

回顾企业的沉与浮，在商业深度洗牌中，无论是叱咤风云的行业巨擘还是抓住机遇的新型企业，无法适应者皆难逃被收购、破产、倒闭的命运。同时，在拐点面前，一个个生机勃勃的企业出现在世人面前，正在创造着一个个新的商业传奇。

2009年6月，美国最大汽车生产商通用公司正式申请破产保护；同年，新一代汽车大亨比亚迪董事长王传福荣登胡润中国富豪榜首富宝座。股神巴菲特更是以18亿港元认购比亚迪10%的股份，比亚迪成为其投资的唯

——一家中国企业。

2011 年 8 月，第一部商用手机发明者、手机行业标准制定者摩托罗拉被谷歌以 125 亿美元收购；同一时间，小米首批工程机横空出世，并开启了互联网模式，引领了国内手机销量的飞跃。

2014 年，创业两年估值达 11 亿美元的拉手网被三胞集团收购；同年，美团正式进入外卖市场，全年交易额突破 460 亿元。

2016 年 7 月，最高市值曾达 1300 亿美元、全球第一家提供互联网导航服务的门户网站雅虎以 48 亿美元将核心资产出售给 Verizon；这一年，新浪爆发出惊人的潜力，成为综合资讯行业发展最快的新闻客户端。

2018 年 8 月，国内最大家具生产基地之一的诚丰家具正式进入破产清算程序；同年，红星美凯龙不断调整商场结构，并建立了全渠道的数字营销工具和运营体系，2018 年上半年营业收入达 63.74 亿元，同比增长 25.69%。

……

市场深度洗牌，"死亡名单"越来越长，同时商业奇迹也不断出现。对中小企业来说，这是巨大的挑战，同时也是难得的机遇。

✧ 商海沉浮，未来何往

企业的兴与衰不断地上演着，而聚积着大量中小企业的温州的境况更为明显。作为全国民营经济的先发地，温州尽享改革开放红利，2008 年温州中小企业的发展达到鼎盛。但是，随着金融危机的爆发、政策的调整、成本的增加等，温州中小企业的发展举步维艰，纷纷陷入泥潭。

经历了大起大落，温州企业曾经的顺风顺水如今已是沧海桑田。一方面，面对商海沉浮，中小企业难凭一己之力摆脱困局；另一方面，面对债务、应收、应付，企业关张也并非易事。另外，工厂里还养着数量众多的工人，因此即使利润薄如刀片，甚至零利润，企业也只得“空转”。

据温州市统计局发布的数据，2005—2008年，温州出口总额从61.84亿美元一路猛涨到119.04亿美元，年均增幅达17.3%~35.2%；但自2009年开始，温州出口总额便陷入疲软，甚至出现负增长。数据清晰而生动地表明了温州中小企业所处的严峻形势，一时间，走投无路的温州企业老板跳楼、跑路等事件层出不穷。

面对强势冲击，中小企业没有太多的力量去抵抗；面对风险，中小企业没有太多的资源去化解。那时，政府给予了企业巨大的帮助，相关经济政策纷纷出台，银行的“输血”让那些把握住机会的企业渡过了难关。

如今，新一轮的危机再次降临。这一次，就连实力雄厚的大企业也未能幸免。

好来屋橱柜成立于2001年，是全国为数不多的能够生产核心橱柜部件的橱柜品牌企业，更是闽派厨柜的杰出代表。鼎盛时期，好来屋橱柜有近千家门店，更是斥巨资邀请知名艺人马伊琍代言，扩大其知名度。

诚丰家具成立于20世纪90年代初，是全国最大的家具生产基地之一，也是办公家具行业最大的供应商之一，更是多年来被评为中央和国家机关办公家具指定供应商。诚丰家具曾有员工5000人，资产达30亿元。

但是，曾经声名大噪的两家巨头企业如今已经不复过往荣光。2018年8月19日，国内知名橱柜品牌好来屋橱柜进入破产清算阶段，第二天，国内最大家具企业诚丰家具也被执行破产清算。

温州的家具企业巨头走向没落，鞋业大品牌的结局也如出一辙。

2018年10月14日，代表福建的中高端女鞋品牌苏菲尔正式宣告破产。曾经的苏菲尔在鞋服行业不景气的时候逆流而上，获得主流市场的青睐。仅仅7年的时间，苏菲尔的店面便遍及全国10多个省份，拥有上百家店面，更是打破常规重金邀请当红艺人李敏镐作为其女鞋品牌形象代言人。紧接着，2014 年 11 月，苏菲尔“新三板”正式立项签约，最终实现 IPO，成为鞋业第一股。

就在苏菲尔雄心勃勃地要创造奇迹的时候，危机陡然而至，整个鞋业寒冬逼近。众多店铺如今已人去楼空，就连苏菲尔的官网也已无法打开，甚至淘宝店铺上的新品开始一折销售……苏菲尔的辉煌已然不再。

不管是家具行业的好来屋橱柜、诚丰家具，还是鞋业的苏菲尔，它们都曾是行业领先者，曾一度繁荣，如今却掉进破产深渊。它们今天的结局再一次诉说着商海无情，企业的未来从来都不是确定的。

✧ 驰骋商海，或荣或败

改革开放初期，短缺的市场环境给企业创造了极大的机遇。在那个时代，只要勇于去做，便可以大赚一笔，于是众多企业家投奔商海。这是中国的第一代民营企业，这些企业抓住了政策的方向，享受到了改革开放的红利，获得了财富。

随着改革开放的推进和中国经济的发展，市场变得愈发残酷，企业的选择却各不相同。有的企业居安思危，通过创新不断创造价值，成为市场不可或缺的存在；有的企业则不思进取，沉浸在既有成功的美妙之中，结果自身市场价值却不断流失。

市场上不断有新的企业诞生，也不断地有新的企业走向倒闭。在商场博弈中，小企业可能成长为商业巨头，而商业巨头则也有可能瞬间崩塌，似乎没有谁是永远的胜利者。

2012 年，在以尼康为代表的日本相机公司夹击下，胶卷巨头柯达走向了破产。曾经的柯达何其辉煌，曾经的尼康只是后起之秀，这两家企业的实力悬殊，但强者成为衰败者，弱者成为新的市场霸主。

让人没想到的是，只有短短 5 年的时间，历史便再一次重演。2017 年

10 月 30 日，“影像巨人” 尼康终于承受不住智能手机带来的压力，宣布停止子公司尼康光学仪器（中国）有限公司的经营。正如当初的柯达没有预想到数码相机的冲击，今天的尼康也没有预想到智能手机的拍摄技术会让其走入困境。

在商海之中，没有既定的成功者，只有自我放弃的失败者。有时候，一时的成功往往会成为企业的桎梏，自满于一时的成功导致其价值不断流失，直至变得不堪一击。商海风云变幻，是繁荣还是衰落，是成功还是失败，皆与企业的选择有关。

第二节　困顿之境，“三座大山”的痛与殇

改革开放40年，凭借着廉价的劳动力、丰富的资源、广阔的市场，中国经济取得了长足进步，更是造就了无数企业的成功，如科技企业家柳传志的联想集团、农民企业家鲁冠球的万向集团、跨界企业家马云的阿里巴巴等。

与成功企业形成鲜明对比的，是那些速生速灭的众多中小企业。据统计，中小企业的平均寿命长可达七八年，短则只有两三年，平均每天便有1.2万家中小企业面临倒闭。身处困顿之境的中小企业举步维艰，对它们来说，要想实现蜕变必须跨越横在其面前的“三座大山”，即同质化、价格战和利润薄。

✧ 误区，盲目“追风”

所谓“风口”，是指获得了高速发展机会的产业或领域，一般来说，这些产业或领域有的是受到了国家政策的支持，有的是顺应了社会发展的潮流，有的是拥有着巨大的盈利潜力。因为发展潜力巨大，众多投资者十

分青睐风口企业，投资者的追捧，进一步刺激着众多企业追逐风口，并使之成为“追风者”。

不可忽视的是，风口有着自身的限制。在风口期，如果企业能够趁势而飞，快速做大做强，那么风停之后，其地位依旧无人可撼动。但是，这样的企业毕竟是少数，大多数企业只是盲目的“追风者”，它们往往是“飞得越高，摔得越惨”。

追溯时光，十年前的风口追逐造就了“千团大战”的激烈场景，而从中活下来的却屈指可数。

2010年是团购元年，这一年，团购网站如雨后春笋般诞生。1月16日，满座网上线，正式拉开了中国团购元年的序幕；3月4日，美团网上线；3月18日，拉手网成立；3月21日，淘宝推出团购频道“聚划算”；5月24日，阿丫团正式上线运营；6月1日，搜狐爱家团上线，之后，腾讯和新浪的团购频道也相继上线……

风口初现，平均每个月便会有250家团购网站诞生，等到2011年8月，市场上的团购类企业已经共计5058家，团购销售额更是达到了110亿元。

这5058家企业中的绝大多数都是看中了O2O的市场风口，便急匆匆地加入战局。对它们来说，扩大市场规模是第一要务，根本来不及考虑特色、品牌等差异化特征，于是纷纷陷入了同质化的漩涡。由于缺失差异化竞争基础，这些团购网站便只能通过价格战来抢占市场，而价格战必然直接带来利润率的降低，加重企业运营的负担，从而弱化企业的竞争力。

风口，让众多团购网站迷失了自我，纷纷“背上”同质化、价格战、利润薄这“三座大山”。2014年，市场趋于冷静，此时，3年前的5058家企业存活下来的只有178家，曾经的“千团大战”变成了“百团大战”。同时，这百家企业中仅美团、百度糯米、大众点评3家就占据了84%的市场份额，剩下的175家企业基本上已经注定要被踢出局。

团购的风口就此落幕，但是下一个风口依旧追逐者众多。

2015 年，无人机行业达到融资巅峰。有数据显示，2015 年国内无人机企业进行了 24 次融资，融资总额超过 17 亿元。资本驱动，“追风者”投身全球无人机行业重镇——深圳，希冀打造一个传奇。据统计，2015 年深圳无人机企业超过了 300 家，此时“蓝海”迅速走到了“红海”的边缘。2016 年，无人机市场的投资趋于冷静，在“三座大山”面前，众多无人机企业走向倒闭或者紧急进行业务调整，整个行业都笼上了一层阴霾。

2016 年是共享单车、共享汽车、共享充电宝等共享行业最舒服的一年，共享风口已来，“追风者”赶忙入局。据中国电子商务研究中心的报告，2016 年我国共享经济市场规模达 39450 亿元，提供服务者人数约为 6000 万人，仅入局共享单车的企业便将近百家。然而，也仅仅是一年的时间，“三座大山”便让共享行业走上了“倒闭潮”。那些信心满满的“追风者”再一次被狠狠地摔在地上。

“站在台风口，猪都能飞上天”，这句话曾鼓舞过无数创业者，但是风会有停的一天，盲目的“追风者”会被摔得很惨，在同质化、价格战、利润薄的重压之下淡出市场。

✧ 解困，卸“重”先行

对企业来说，最可怕的事情莫过于一夜醒来，市场上有了数十家模仿者，有的模仿者甚至还对自家的产品或服务进行了改进。原本是市场开拓者、创新者，结果却依旧陷入了同质化的泥潭。

同质化的可怕之处在于，市场上的众多类似企业会不约而同地发起价格战。这是“杀敌一千，自损八百”的招式，在这场战争中不存在所谓的胜利者，不管是发起者还是幸存者都损害了自身的利益。可以说，大部分的价格战都是因同质化而起，而价格战带来的直接后果便是利润变得越来越薄，经营变得愈发困难。

同质化、价格战、利润薄，这便是重重地压着企业的“三座大山”，而企业要想快速发展必然要卸下这“三座大山”，轻装上阵。轻装上阵，也并非一无所有，企业无论何时也不能丢的便是自身之价值。

这个时代技术革新日新月异，而能够紧跟技术潮流的企业又屈指可数，在技术迭代更新中能够立于不败之地的企业更是凤毛麟角。例如，在竞争最为惨烈的手机行业，2005 年时中国手机企业数量曾达到数百家，而到今天，那数百家企业中还在坚持做手机且有一定知名度的也就只剩下华为和金立两家，其中后者在近两年也陷入了危机，呈现出衰落之势。在这个日新月异的时代，可以为企业带来持久发展之力的便是价值。

同质化、价格战、利润薄这“三座大山”太重了，以至于很多企业无暇顾及其他，结果这“三座大山”反而越来越重。还有一些企业认为，价值太过于抽象，只是一种概念，于实际无用，于是其脑海中根本就没有价值观念。结果就是，企业做了很多但收效甚微。总而言之，这些错误的做法导致企业背上的大山越来越重，直至将之压垮。

对企业来说，与其执拗于这三个具体问题，不如直面其根本，即价值。只追求表面，困顿之境不会消散；直击要害，希望的曙光才会从缝隙中照进来。因此，要想彻底驱散同质化、价格战、利润薄的痛与殇，企业唯有以价值为本，寻求长久发展之道。

第三节　未来之势，商业模式的旧与新

市场总是为那些初露锋芒的企业欢呼，资本也总是争抢着热门行业的入场券，这繁荣的景象让人对市场前景充满乐观，于是一家又一家企业诞生了。市场有繁荣也有落败，大多数走上末路的企业都是于悄然中落幕，无人关心它们的去留，无人在意它们的生死。

残酷的市场竞争必然有生有死，生有生的必然，死亦有死的原因。企业的生与死都可以归结于商业模式上。纵观商业史可以发现，大多数走上灭亡的企业都是死于不思进取，倒在了旧模式上，而下一个商业巨头的诞生则必然有着新的商业模式的加持。

可以肯定地说，商业未来的发展必然是围绕着商业模式进行。顺势者兴，逆势者衰；新者生，旧者死。

✧ 未来竞争的基础

为什么在同一领域深耕，不同企业却得到了不同的结局？

为什么引入了同样的技术或功能，企业的经营结果却完全不同？

为什么明明在不断努力，企业成长的“天花板”却始终难以突破？

为什么都是在同质化的环境中，有的企业走出了一条发展之路，有的企业却走向了死胡同？

为什么在价格战中，相似的企业却得到了不同的结果？

为什么企业的利润率如此低？

……

在发展过程中，企业总是会遇到各种各样的问题，而解决问题最有效的办法便是重塑商业模式。对企业来说，商业模式是其经营的原点，决定着其发展是否长远。即使有再好的技术、产品、品牌，若是欠缺商业模式或采用陈旧的商业模式，企业也没有前途。

不破不立，不塞不流，不止不行。新兴企业往往有着乘风破浪的勇气，敢于用新模式去陌生的领域打拼，而成功企业则容易被成功桎梏，导致其价值不断流失，直至成为不堪一击的旧模式的坚守者。因此，企业若想捍卫自己的市场地位，不断创新商业模式以强化自身价值就变得极为重要。同样，企业若想作为入局者开创一个新的天地，价值型商业模式会让其事半功倍。

经营企业，不能把眼光全部集中在市场规模和利润上，还要关注企业的运营模式与创造的价值。正如淘金人不能只看得到金灿灿的金子，而忽略了挖金子的铁锹和运送金子的船只。工具到位、方法科学，金子自然会源源不断，经营企业亦是如此。

在这个巨变的时代，同行竞争越来越激烈，跨界打劫已是常态，企业能否捍卫其既得市场并逐步将之扩大，关键还是看其是否有一套以价值为中心的商业模式，重新审视自己在整个价值创造与价值贡献中扮演的角色。如此，企业才能在价值力量的加持下获得新生，得到长久的发展。

对企业而言，持续成长是衡量其能力的根本标准，而价值则是其持续成长的关键。因此，企业必须在战略逻辑上，即商业模式上以价值为本，多角度审视自身的定位与运营。

纵观那些已经发展了十几年甚至几十年的企业，可以发现它们无一例外地都将价值上升到了战略逻辑层面。例如，微软给世人一个“看世界的窗口”，GE 以“科技造福人类”，苹果用智能手机改变人类交流方式，星巴克通过咖啡让商务人士得以享受休闲，沃尔玛使消费者以最低的价格购买所需商品，阿里巴巴“让天下没有难做的生意”……伟大的企业都以创造价值和贡献价值为出发点，从而获得强大的竞争力和持续的成长力。

未来竞争的基础是以个体为中心，消费者和企业共同创造价值。企业在制定战略时要以分享价值为出发点，不断超越自我，才能在激烈的市场竞争中具备竞争力，才能为消费者、社会等创造价值。

✧ 从零到亿，重塑市场

价值创造是企业不断发展和重塑的过程。蓝海市场有着巨大发展潜力，但是企业若缺少发现价值的眼睛，进入时机把握得再好也无济于事；红海市场内的竞争过于激烈，但是企业若发现或重塑新的价值点，就能占据利润高地，在红海市场中实现财富倍增。

在消费升级的背景下，“美丽经济”持续升温，化妆品行业迅速崛起，众多企业都想参与到“分蛋糕”的行列中。如今，欧莱雅、薇姿、雅漾、理肤泉等大品牌占据市场的格局已然形成，那么在竞争激烈的红海市场中后入局者还有扭转市场的可能吗？

一款在国内鲜少听闻的小众化妆品——MartiDerm 安瓶，在易桥商贸的推动下，漂洋过海，搅动了化妆品行业既有的格局，在中国市场迅速蹿红。

2016 年 3 月，在全世界美容界最瞩目的展会上，一款外形与注射针剂别无二致的玻璃瓶——MartiDerm 安瓶，吸引了易桥商贸的注意力，嗅到商机的易桥商贸果断出击拿下了其中国区的独家代理权。此前，易桥商贸聚焦于小众特色品牌，在化妆品行业的地位并不突出。凭借这款安瓶，易桥商贸则一下子成为行业引领者，众多化妆品大牌纷纷跟进模仿。

2016 年 9 月，MartiDerm 安瓶进驻天猫国际，5 个月内销售额突破 2000 万。

2017 年天猫“双 11”期间，安瓶单品类销售额过亿。

在小红书上以“安瓶”为关键词进行搜索，可以搜出 5.7 万多篇笔记，从测评帖到避坑指南，不一而足。安瓶，可谓护肤界名副其实的“网红翘楚”。

从零到亿，这个名不见经传的小众品牌是如何创造商业奇迹的呢?

MartiDerm 安瓶为易桥商贸创造了巨大的价值，而其实现从小众到流行的华丽转身，背后离不开的则是运作模式的创新。

明确特色，一击即中。易桥商贸深知化妆品市场处于严重饱和状态，尤其是高端市场，但是各大品牌的产品趋于同质化。而 MartiDerm 安瓶在市场上则极具辨识度，不管在外形上还是在使用方法上都医药范儿十足。而且，由于中国人的肤质与外国人不同，MartiDerm 推出了首款专门针对亚洲人肌肤的产品，解决消费者痛点。因此，易桥商贸一推出安瓶，便掀起了一股购买热潮。

品牌突出，占领心智。易桥商贸从 MartiDerm 安瓶的研发故事着手，以“西班牙的安瓶鼻祖”为噱头进行传播，强调自身的“正统”地位。如此，即使兰蔻、理肤泉等大牌跟进推出同类产品，也很难撼动其市场地位。

渠道通路，高利润区。不同于其他品牌的铺货渠道，易桥商贸更注重对社交媒体的运用。针对安瓶功效强的特点，易桥商贸主动免费向那些活跃于社交媒体的美妆博主邮寄产品，通过这些美妆博主的主动传播“种草”

年轻人。通过这些美妆博主，MartiDerm 安瓶聚集了一批忠诚的用户，并以裂变式的速度进行传播。

在同质化严重的化妆品市场，易桥商贸推出个性化产品；在大打价格战的市场环境下，易桥商贸将品牌化为市场武器；在利润普遍低微的背景下，易桥商贸走出了一条高利润之路。

在化妆品行业，MartiDerm 安瓶实现了从 0 到 1 的突破，也给其背后的推动者易桥商贸带来了丰厚的利润回报。而易桥商贸一系列商业运作的核心便是以价值为本，以解决用户痛点为核心，化同质化为个性化，化价格战为品牌战，化利润薄为利润区。此为从零到亿的秘诀，此为重塑市场的关键。

✧ 价值为本，发展之道

作为以盈利为主要手段从而实现梦想的商业性组织，为了实现持续、稳定的利润增长和长久发展，企业必须踩准商业节奏，顺势而为。

活下去是企业的硬道理。任正非曾说："如果一个企业的发展能够顺应自然法则和社会法则，其生命可能达到 600 岁，甚至更长时间。"因此，企业能否活下去、活多长，决定权不在他人手中，而在企业手中。那些走向倒闭的企业，并非别的企业不让其活，而是其本身的商业模式已经老旧，难以支撑其经营下去，归根结底还是自己走上了末路。

企业要想长久地生存下去并非易事。面对外部变化莫测的环境和激烈的市场竞争，面对内部复杂的人际关系，有的企业依旧满足于现状，看不到潜藏的危机，因此它们只能黯然退场。例如，红极一时的凡客只为急速扩张的规模而欢呼，却看不到严重的库存积压和缩水的产品价值，最终淡出人们的视野。

企业唯有不断改进与提高才能获得生路。强大的企业更应强调改进与提高，更应注重价值的强化。大部分企业往往满足于现有的成绩，但是消费者的喜好与需求是不断变化的，“旧”是无法稳固消费者的，唯有“新”才能赢得市场。

7-Eleven 便利店曾推出过一款“黄金面包”，一经上市便卖得火热，半个月之内销售量便高达 65 万个。7-Eleven 便利店没有因爆品的诞生而停下前进的脚步，而是着手开始新产品的研发。7-Eleven 便利店对“新”的执着让其拥有了市场，并强大至今。因此，优秀的企业必然是在消费者对“旧”的价值生腻之前便去探索并应用“新”。

未来竞争的基础是价值创造，那是企业实现盈利和持续发展的核心。其中，为顾客创造价值是企业能够存在的基础，为员工创造价值是企业发展的能量源泉，为股东创造价值是企业资本得以延续的保障，为社会创造价值是每个优秀企业必须承担的责任。如果不能创造价值，企业便会失去竞争的能力，必然走向灭亡。

第四节　转型之路，价值体系的构与建

身处商海之中，横空出世的小企业可能改变整个局势，成为行业引领者；同样，有着霸主地位的大企业也可能逐渐被市场淘汰，成为“昨日黄花”。据悉，几十年前跻身于《财富》100 强的企业，如今大多半已被淘汰出局。

同样是巨型企业，为何有的企业能够长盛不衰，有的企业却困难重重？关键要看企业能否踩准转型的节奏，并在转型中构建起价值体系。

✧ 构建体系，助力发展

市场风云变幻、行情起起伏伏、时间不断推移、地域各不相同，面对不断变化的环境和激烈的竞争，那些固执地不肯改变的企业增长的步伐就此停滞，并逐一走上了末路；那些积极转型的企业则不断前进，以自身价值取得了不可或缺的市场地位。

商业竞争从来都是残酷的，构建价值体系可以帮助企业从当前竞争激烈、摇摇欲坠的现状中解脱出来，成长为充满竞争力和发展力的持续增长

型企业，助力企业走得更远。

具体来说，企业要在以下三个领域构建自身的价值体系。

首先是战略领域。所谓战略，是指企业为了实现长期的生存和发展，在综合分析内部条件和外部环境的基础上做出的一系列带有全局性和长远性的谋划，简单地说，战略就是做正确的事。战略为企业指明了发展方向，并提高了企业的预见性，是企业经营管理成败的关键所在。

彼得·德鲁克曾说："在超级竞争的环境里，正确地做事很容易，始终如一地做正确的事情很困难，企业不怕效率低，企业最怕高效率地做错误的事情。"正确的战略管理有助于企业价值的塑造与提升，而不正确的战略管理则适得其反。为此，企业必须具有明确的价值驱动能力，将战略的重心从价格转移到价值，最终实现商业价值。

其次是执行领域。《财富》杂志上的一篇文章曾分析称：好的企业战略有70%没有获得成功，失败的主要原因是"战略执行不到位"。执行无力，企业制定的战略再好也无济于事。一般来说，要想提升执行力需要注意市场领先能力、新要素的融合和重新塑造管理三个方面。

市场领先能力。市场领先能力决定着企业能否实现价值增长，为此企业必须立足市场，了解清楚市场与价值成长之间的关系，从而获得发展的资源和基础。需要注意的是，规模领先并不代表市场领先，企业的市场能力并不是源于规模的扩大，而是源于企业对顾客和顾客层的专注。

新要素的融合。在全球化背景下，企业发展的价值驱动主要体现在持续力、创新力、适应力、领导力、人才力、竞争力上。这是企业发展的基础，是企业通过价值塑造赢得未来的关键。

重新塑造管理。执行力的提升必然需要从组织上进行变革。以前，执行是一个自上而下的过程，而今天，组织中个人的能力和认识日益凸显，逆向推动着管理者去提升自身的领导力。因此，管理需要从领导者命令员工转化为领导者影响并引领员工，从而更好地贯彻执行战略。

最后是文化领域。文化具有“内化于心，外化于行”的作用，因此，思维方式的转变必然是要落在文化上。只有从根源上进行改变，执行才能落到实处，才能塑造成价值型企业。

✧ 价值转型，未来之势

传统行业日渐式微，便跟风引进互联网模式；实体制造企业陷入倒闭潮，便大投入进军金融……这些企业虽然进行了转型，但只是盲目跟风。事实是，企业若是对自身定位不清晰，不能恰当融合自身优势，盲目“转身”并不能带来效益，对企业价值提升无益。

企业要想在大变革的环境中胜出，必须立足于价值提升进行转型，化解企业发展中的痛点。在产品方面，企业需要摆脱同质化的禁锢，通过对宣传、品牌等的把握，以个性化产品赢得市场；在营销方面，企业需要逃离价格战的恶性竞争，重视产品或服务的质量、消费者的体验等，从价格战走向价值战；在经营方面，企业需要走出利润薄的陷阱，通过价值链的转换、对未来客户的定义、对价值增值潜能的挖掘，走入利润区。

对中小企业来说，下一个出路便是以价值为本，以价值创造市场。在模式上，企业要聚焦价值创新，强化发展的驱动力，通过技术创新创造价值；通过渠道创新传递价值；通过管理创新支持价值；通过资本创新获取价值。面对市场，企业要通过竞争力的塑造，用学习换机遇，用成本换市场，用创新换认同，用速度换资本。

此外，企业要想赢得未来，必然要稳固发展之力。企业需要通过持续力、创新力、适应力、领导力、人才力、竞争力的培养与强化，打造创造价值和共享价值的基础。

创造价值是企业生存的基础，而贡献价值则是经营的第一理想。企业的价值观决定着其发展与寿命，对企业来说，员工是其通往成功的同行者，客户是其持续发展的原动力，社会是其基业长青的稳固器。因此，企业的持续成长与长久发展离不开贡献价值于员工、客户、社会。

第二章
产品之路：从同质化到个性化

经历曲折发展的岁月后，中国经济迎来了快速发展，中国制造也逐渐成为世界上认知度最高的标签之一。从白色家电到五金，从厨房用具到生活日用品，从快消品到服饰鞋帽……不管是大企业还是小企业，它们共同演绎着中国的制造梦。

但是，随着金融海啸的到来，市场迎来了企业的“倒闭潮”。对市场来说，企业提供的产品趋于同质化，它们随时都可能会被替代。危机降临，那些在同质化泥潭中挣扎的企业毫无抵御风险的能力，首先倒下。

企业之间的竞争，只能压缩自身生存空间，要想获得更大发展，企业必须逃离产品同质化，寻得发展之路。

第一节　21 世纪的经济悖论

全球知名的管理学大师普拉哈拉德在《自由竞争的未来》中提出：“21 世纪的经济悖论是：消费者拥有了更多的选择，却获得了更少的满足感。高级管理层拥有了更多的策略选择，却获得了更少的价值。”

✧ 经济悖论的出现

经济悖论示意图，如图 2–1 所示。

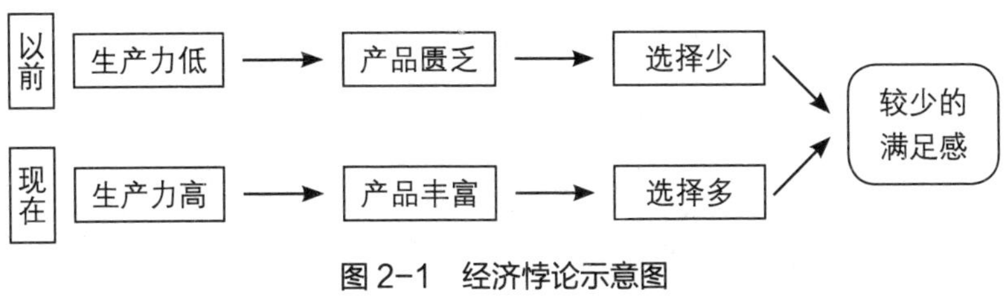

图 2–1　经济悖论示意图

在工业时代，技术创新中出现的新工具、新方法使原有商业活动中某一环节的效率得到提高，从而使产品和企业得到市场的认可。例如，早在

1854 年灯泡便已经出现了，但人们普遍更认可爱迪生于 1879 年 10 月 21 日试制成功的灯泡，因为这种使用了新材料的灯泡不仅使用寿命得到了极大的延长，而且价格也变得更加便宜。

根据马斯洛需求层次理论，人类需求像阶梯一样从低到高依次为生理需求、安全需求、尊重需求和自我实现需求，当人类从低层次需求的控制下解放出来时，便会出现更高级的需求。受限于工业时代的经济水平，生活各方面还比较落后的消费者更关注基本需求，因此更看重商品的实际功能、价格等。

但是，随着经济水平的不断发展，消费者的需求也在不断提高。仍以灯泡为例，经过 100 多年的发展，灯泡的技术已经十分成熟，市场上几乎任何一款灯泡在寿命和性价比上都可以满足消费者需求。从消费者的视角看来，市场上的灯泡有着差不多的使用寿命、相似的外观、相同的效果，它们是没有什么区别的。这时，令人眼花缭乱的各式灯泡成了消费者的烦恼，不具备分辨和评估产品知识的他们不知哪一款才是最适合的。

对企业经营者和管理者来说，困扰同样存在。互联网、人工智能等新技术不断改变着商业，产业边界变得越来越模糊，竞争变得更加激烈，传统企业时刻存在着被颠覆的危机。对传统企业来说，提升质量，提高效率，降低成本，一如既往地关注这些问题并不能让企业具有更大价值，单纯依靠在技术创新上大做文章不能帮助企业扭转局势，企业需要寻找新的创新来源提升价值。

与传统观念不同的新产业系统已经建立，企业发展更需重新规划。在数字时代依旧采用工业时代的那一套策略，这是经济悖论出现的直接原因。

✧ 新时代，新需求

产品的多样性，未必会带来更好的消费者体验。出生于物质丰裕时代的一代人如今已成为社会的主流消费群体，对他们来说性价比已经不是最主要的考虑因素了。吃饱穿暖等基本需求已经不是如今的消费者所担忧的了，获取更有品质的商品、体验更好的服务才是他们的主要诉求。

这是一个产品和服务比以往任何时候都要多的时代，对新一代消费者来说，千篇一律的产品无法激起其购买欲望，甚至让他们望而却步。但是，同质化却像一个可怕的噩梦包围着消费者。

当走进宽敞明亮的百货大楼，一层又一层的服装、饰品等商品陈列着，不同材质、各种颜色、多种款式，成千上百种同类型货品让人眼花缭乱；当走进熙熙攘攘的大型超市，一排又一排的货架上摆放着各式日用品，根据品牌与功效的不同，仅小小的牙膏便可摆满两三排货架，让人无从选择；当走进社区旁边的小型便利店，几十平方米的空间满满当当的全是货品，光是洗发水就摆了数种，有防脱发的、去屑的、柔顺的、滋润的等，让人一时难以抉择。

同质化如同一个包围圈，不仅包围着消费者，更包围着企业。被围在圈里的企业将逐渐失去竞争力，直到被市场之海吞没；突破包围圈的企业则如同夜空中最亮的星，将渐渐成为行业的标杆。

当经济发展到一定水平，同质化的趋势难以避免，但是企业也并非束手无策。从现实案例可以发现，在同类产品中脱颖而出的产品往往有着难以被替代的特色与价值。例如，在白加黑、泰诺、扑热息痛、感康、感冒灵等感冒药面前，大多数消费者往往会选择白加黑，因为它具有着白天吃不会瞌睡的特色，解决了消费者的痛点。又如，在海飞丝、飘柔、潘婷、丝蕴、沙宣等洗发水面前，有相当一部分人会毫不犹豫地选择海飞丝，因为其去屑的特色直击他们的问题。

陈春花教授曾指出，企业的驱动力在于价值创新。所谓价值，是指企业的产品或服务能够解决问题。需要注意的是，用户的需求是不断变化的，市场格局亦是不断更新的，随着越来越多企业的入局，如何留住用户成了关键。其实，这时候考验企业的便是价值创新能力，价值创新需要从用户需求出发，而不是随大流去搞一些花样或者噱头。

另外，创造价值并不是企业的终点，用户是企业得以存在的根本原因，企业所有努力的评断都是交由用户做出的，因此，企业要保证这价值能够实实在在地传递给用户。这时企业的关键是锁定目标用户，通过做营销、铺渠道等手段让价值得以传递，以及制定科学合理的组织管理流程支持企业持续性地创造价值、传递价值。

第二节 品牌塑造的影响力

传统的商业模式以产品为核心，通过产品质量与效率的提升赢得市场。基于过去物资匮乏的时代背景，消费者没有过多的选择权，因此，当一款优质产品问世时很容易获得广阔的市场。

如今时代已经不同，市场上优质产品数不胜数，消费者有着绝对的选择权，他们不会像过去那样为寻找一款优质产品而耗费精力。这个时代，如果产品的推广方式不佳，如果品牌难以塑造，那么再优质的产品也有可能会无人问津。因此，品牌塑造关乎企业生死。

✧ 用品牌守住创新

这个时代，企业最大的痛点是，耗时费力地研发出一款创新型产品，结果一上市便被大量模仿，最终淹没于同质化产品中。市场冷酷，那些失败的小企业很难掀起波浪，更难被市场所记住，小企业只有成功才能有名字和发言权。为此，对小企业来说，守住创新成果就显得格外重要。

2015 年年初，一款名为 Keep 的运动健身软件上线，并取得了不俗的成绩。完成天使轮融资，Keep 只用了 5 天；从最初的 4000 个种子用户发展到 3000 万，Keep 只用了 500 多天；成长为全国最大的运动社交平台，Keep 只用了 921 天。

Keep 的强势发展，引来大批跟进者。2015 年 5 月，完美囚徒健身紧跟上线；2016 年 8 月，火辣健身在强势宣传下入局；2017 年 10 月，Feel 健身上线……入局者众多，一时之间运动健身软件同质化现象十分严重。难能可贵的是，Keep 并没有在同质化中迷失自我，其发展速度并没有延缓，而是用品牌捍卫住了其领先地位。

定位明确，产品特色鲜明。Keep 的目标群体是“小白”用户，他们有健身需求，但是没有固定而集中的时间，在经济上也不够宽裕，对价格比较敏感，因此不太愿意去健身房。针对目标群体的痛点，Keep 明确了自身的产品决策三原则，即要多不要少、要重不要轻、要专不要散，打破了时间和空间的限制，为用户打造了一个“自由运动场”。

深挖渠道，新媒体的运用。Keep 的目标群体关注与运动健身和减肥有关的内容，分散在知乎、豆瓣、微信群、贴吧等，于是 Keep 的运营人员深挖这些渠道，以高质量的干货获取了目标群体的信任，聚集了大量的粉丝。在 Keep 上线后，这些运营人员便在分享的干货中向粉丝推荐 Keep，由此获得第一批粉丝。在用户的自觉推广分享下，Keep 得到了迅猛传播，注册用户直线上升。

迅猛推广，品牌广告投放。为了加深用户对品牌的认知，Keep 拿出千万元投放了一支以“自律给我自由”为主题的商业电视广告，进一步深化对目标用户的影响，增强品牌的影响力。

在同类产品的强势竞争下，Keep 没有被转瞬淹没，而是以品牌捍卫住了创新，争取到了市场的领先地位。品牌，让 Keep 成为运动健身软件中的爆品，让其发展为行业标杆企业。

✧ 品牌是企业的灵魂

品牌价值让企业变得更加值钱。一是消费者并不在乎大品牌的高定价，而是在乎其所象征的意义，所以有着大品牌的企业自然有着更大的获利空间；二是高获利让企业具备更强的竞争力，在战术上具有优势，在市场上有着更大的发展空间，可以占据主导地位；三是品牌溢价让企业承受的风险更小，消费者的忠诚让其发展后劲十足。

对于每一个企业而言，其要选择一种最适合自己的商业模式来推广品牌，在恰当的时间用恰当的方式，同时不要放弃质量、更新换代等这些维护品牌的硬性方式。例如，肯德基能够成为全球最大、最成功的连锁快餐企业，不仅仅是因为其一开始就具有了品牌效应，也不是仅仅因为独特的宣传方式，而是因为其对内部数字化的管理，对质量的严格把关。因此要想造就伟大品牌的企业，除了在潜移默化中影响消费者的选择，还要加大企业内部的质量管控，企业才能有所作为。

一般来说，企业可通过如下四方面来塑造品牌。

首先，注重质量管理，即产品性能稳定，质量可靠。即便产品不是最好的，价格不是最低的，但是产品性能稳定，顾客对产品了解、放心、充满信任，就会不断购买。例如，砸冰箱事件让外界看到了海尔对质量管理的决心，再加上海尔冰箱确实性能稳定，又是土生土长的国产品牌，消费者了解它、信任它。因此，对大部分消费者来说，买冰箱会选择购买海尔。

其次，采用有效的宣传方式，即推广方式最好持续且特殊。假如顾客不经意中总是能看到听到你的品牌，耳熟能详，客户就会认为你的企业信誉好、产品好，可以放心使用。例如，在电视中总是循环播放的脑白金广告让消费者产生了深刻印象，提起保健品便会想到脑白金，随之而来的便是一路攀升的销售量，这便是有效宣传方式对品牌的塑造。

再次，辅以贴心的客户服务。周到、特殊的客户服务是必不可少的。每个人的需求不同，每个人都可能会有些特殊的要求，这时企业就要酌情满足顾客，这样顾客便会记住你的贴心服务，达到重复购买。

最后，注意更新换代，即要懂得进步。没人会十几年一直用一种物品，如果企业一直抱陈守旧，不懂创新，早晚会被市场淘汰。人的审美总是在不断变化，一家家具制造商若还是根据十几年前的款式制造产品，又有谁会来买呢？追求新潮的人是大多数，企业要根据顾客需求不断创新，及时更新产品。

品牌犹如企业的灵魂，是企业发展的不竭动力。品牌为消费者提供的不仅仅是物化的产品，还有无形的附加值，企业要学会迎合消费者的心理需求，在潜移默化中影响消费者的行为。品牌能够在消费者内心中产生共鸣，从而引发消费者的购买，因此，有着良好品牌的企业生命力会更加持久。

第三节　企业注意力的转向

一些企业把注意力更多地放在产品身上，它们在新品研发和改进上投入了巨资，以求用过硬的质量占领市场；一些企业努力地改进工艺，压缩成本，以求用价格占领市场；还有一些企业把主要精力更多地放在顾客身上，在炎热的夏季为顾客提供十足的冷气，在寒冷的冬季为顾客提供暖心的热饮，为顾客提供免费的无线网络……

将注意力放在产品本身无可厚非，因为归根结底企业还是要以产品说话。但是，如今市场上逐渐缩小的产品差异已经很难让消费者区分开来，仅靠产品也很难获得忠诚的顾客。于企业而言，将注意力放在顾客身上，用顾客思维来经营企业，改变固有的商业模式，围绕人及人的需求展开，才有可能留住顾客，让品牌产生溢价。

✧ 用顾客思维经营企业

2018 年 5 月 29 日，英国权威品牌评估机构 Brand Finance 发布了 2018 年度全球最具价值品牌榜。其中，百事可乐以 126.85 亿美元的品牌价值排名第 98 位，在饮料领域排名第二。2018 年 8 月 20 日，百事可乐宣布以 32 亿美元收购苏打水设备制造商 SodaStream，此举将进一步增强其在市场上的竞争力。

经过 100 多年的发展，如今的百事可乐已经成长为巨人，又有谁还记得它曾被可口可口挤压得将近破产，曾三次请求可口可口收购呢？从一开始的难以为继到如今与巨头平分市场，让百事可乐成长的秘诀便是把注意力放在顾客身上。

百事可乐比可口可乐晚出世 12 年，诞生伊始正是可口可乐如日中天之时，为取得市场，百事可乐最开始依赖的是相似的味道与名字，但是当时可口可乐几乎是那个时代的一个符号，百事可乐的策略并没有奏效，反倒一度让自身处于破产边缘。

为了生存，百事可乐选择在价格上做文章，以可口可乐一半的价格出售相同分量的饮料。短期内降价让百事可乐的销量得到了明显增长，但是随着可口可乐的跟进降价，百事可乐又一次陷入了泥潭。

其实，不管是味道还是价格，百事可乐都是把注意力放在了产品身上，对其品牌价值根本不起作用，更是难以培养顾客的忠诚度。因此，方向不对，百事可乐做再多努力都难以让其翻身。

痛定思痛，到了 20 世纪 60 年代，百事可乐开始转变思路，将注意力放在顾客身上，提出“喝百事可乐，你就是百事一代”的口号。在百事可乐的广告中，它不讲产品，只描绘喝百事可乐的消费者形象。这一新鲜提法得到了新一代年轻人的呼应，他们相信，成为“百事一代”，买的不只是饮料，而是一种新型的体验方式。

另辟蹊径的百事可乐在达拉斯举办了声势浩大的品尝实验，将百事可乐和可口可乐的商标去掉，以 M 和 Q 做上标记，结果标记为 M 的百事可乐更受欢迎。百事可乐对这一结果大肆宣扬，去掉商标后，可口可乐的忠实消费者也会选择百事可乐，给消费者以心理暗示。

之后，百事可乐进一步关注消费者的需求，提出“百事一代的选择”，取得了那些想要与“上一代”老产品划清界限的消费者的心。而且，百事可乐与迈克尔·杰克逊、麦当娜等当红明星合作，赢得了狂热的年轻一代的心。采取从消费者角度思考的战略后，百事可乐的销售量开始直线上升，甚至威胁到了可口可乐的霸主地位。

在百事可乐站在顾客的角度塑造品牌的时候，可口可乐却还是从产品的角度来应对，推出新产品“New Coke”。这一应对不仅没有帮助可口可乐守住市场份额，反而受到老顾客的抵制，加快了其市场份额的流失。20世纪50年代，百事可乐和可口可乐的销售量僵持在1∶6，而到了70年代，这一数据迅速被拉近到2∶3，碳酸饮料市场再也不是可口可乐一家独大。

从三次请求可口可乐收购到威胁可口可乐霸主地位，百事可乐打了一个漂亮的翻身仗。从巨头手中抢占市场并非易事，百事可乐则用实际行动证明了把注意力放在顾客身上可让后起之秀与巨头分庭抗礼。

✧ 品牌内核来源于顾客

仅仅依靠产品本身，百事可乐很难对抗可口可乐，百事可乐“出奇制胜”，选择从顾客感受出发，赢得了市场。深谙这一道理并熟练应用到企业经营中的还有喜茶。

从市场规模而言，与咖啡相比中国茶饮行业市场空间较小。但是，随着消费结构的升级，以及新饮品元素的融入，中国茶饮行业的增长动力十足，于是一个新的消费风口——新式茶饮出现了。中国茶饮行业能否出现下一个星巴克一度成为热议的话题。

在这种背景下，2017年，诞生于三线城市的新式茶饮品牌——喜茶爆红网络，成为资本追逐的“新贵”。而喜茶爆红的原因就在于重视顾客感受，为顾客提供应用场景。

从目标定位来看，喜茶的定位是年轻消费者。如今，年轻消费者越来越追求个性化体验，而非产品价格。喜茶抓住了年轻人“不喝一次就 out”的特点，将新元素融入到产品中，通过添加更受年轻人喜爱的低脂奶、鲜果等来减弱传统茶饮的苦味，获得了消费者的青睐。

从营销方式来看，根据年轻消费者越来越重视社交这一特点，喜茶在不断提升消费者购买功能的同时，也致力于为消费者打造“第三空间”，开发新的休闲社交功能，为消费者营造良好的体验环境。例如，在北京朝阳大悦城店铺内，喜茶为消费者设置了休闲娱乐区，消费者在购买产品后还可以在此与朋友交流。

当然，“第三空间”并不是喜茶的专属，诸如星巴克这种饮品企业也为消费者打造了“第三空间”。那么，为什么喜茶打造的“第三空间”能够引领当下年轻人对新式茶饮的消费需求，与咖啡市场展开竞争？

一方面，长期存在的“咖啡＋第三空间”的组合已经使年轻人产生审美疲劳，“新式茶饮＋新空间”这个全新的形象更符合年轻人求新求变的心理，因此这样一个差异化的品牌更能赢得消费者的关注；另一方面，传统行业在不断地创新升级，因此，融入了社交元素的场景消费逐渐成为新的消费趋势，更受年轻群体的欢迎。

“第三空间”是企业重要的制胜因素，能够给企业带来巨大的增值空间。显然，新式茶饮所营造的“茶饮＋第三空间”让新式茶饮得以向场景消费、社交消费靠拢，从而获取新价值。

喜茶深深懂得，消费者购买饮品已经不只是为了追求新口感，他们更在乎购买饮品所带来的服务体验，他们所追求的是“看得见摸得着”的个性。由于为消费者提供了优质的体验，喜茶自然得到了热捧，从而也获得了市场的深度认可。正如美国营销学家菲利浦·科特勒所说：“市场再也不是它过去那个样子了。他们（顾客）意识到真正的产品差异很少，并显示出较少的品牌忠诚。他们能从因特网和其他的资源中获得广泛的、允许他们更理智地购买东西的产品信息。在许多情况下，他们可以具体说明想要商品的特征，他们甚至可以具体说明愿意付给的价钱，并等候最合适的卖主的回应。其结果就是经济力量戏剧性地从卖方转移到买方。"

着眼于产品和固有市场，于是我们看到，曾经一家独大的可口可乐被几度走到破产边缘的百事可乐赶上；从消费者感受出发，于是我们看到，即使茶饮市场空间较小，但重视消费者体验的喜茶一次又一次征服了市场。

今天，"90后"逐渐成为消费市场上最具潜力的消费者。他们更关注个性与自我表达，更在乎是否得到足够重视。如果企业不能及时改变固有的营销策略，忽视消费者的诉求，未来一定会逐渐被消费者摈弃，很快消失在茫茫市场之中。

只要将注意力放在消费者身上，即使数次走在破产边缘的企业也有可能成为行业里的"百事可乐"，再次崛起；即使是后入局者，也有可能成为行业里的"喜茶"，实现价值增值，由小变大，成为巨头。

于企业而言，只有不断跟随消费者的脚步，不断生产出消费者真正需要的产品，才有可能获得消费者对产品的忠诚。在满足大多数消费者基本需求后，进而满足消费者的体验需求，这样才能留住消费者，品牌才有可能溢价。

第四节　生产与消费的关系

在传统的生产方式下，生产者（即企业）决定产品，消费者只需要结合自身需求选择买或者不买，这种方式即先生产后消费。但是，这种生产方式导致生产与需求相分离，能否生产出适销对路的产品就存在着极大的不确定性。

随着经济的发展，消费者需求呈现出了个性化趋势，过去先生产后消费的方式有了明显的局限性。那么，今天生产与消费之间存在着何种关系呢？了解这一关系对企业的发展有着重要意义。

✧ 消费者的转变

在这个万物互联的时代，消费者在市场上发生了转变，他们由原来的孤立、一无所知且被动，变得联系紧密、消息灵通且主动。消费者的变化在很多方面得到了显现，如交流网、信息获取、维权行动等方面。

交流网。受限于地域，以前的消费者是孤立的，他们很难自由地交流想法。如今，得益于网络、手机等现代科技，消费者之间的交流与沟通比以往任何时候都要容易和开放。消费者按照共同的兴趣、需求和经验结合成一个个群体，形成一股强大的力量。孤立的消费者总是容易向生产者所妥协，即使需求得不到满足也只能选择既定产品或者只能感觉广告做出选择，而现在，消费者之间形成了交流网，他们彼此分享最能满足需求的产品，改变了过去自上而下的市场传播模式。

信息获取。为了达到传播效果，以前的生产者习惯于向消费者隐瞒部分信息，如某些副作用。如今，消费者可以获取前所未有的信息量，根据这些信息他们可以做出更加明智的选择。另外，以前信息闭塞且缺少判断产品专业知识的消费者对价格不敏感，很多生产者实行不同地域不同价格。如今这一限制正在减弱，商业规则正在改变，生产者并不能根据地域的不同而随意变换价格。

维权行动。受知识的限制，或因个体力量的薄弱，以前的消费者对交易中的不公平往往选择息事宁人。如今，随着交流网的建立和信息获取的便捷性，越来越多的人团结在一起，他们分享信息，他们为自身的权利发声，并对生产者有了更高的要求。

消费者的转变是历史发展的必然，对此企业不能充耳不闻，而要顺势而为。消费者的转变意味着过去以生产为中心的经营方式的结束，意味着以消费为中心的经营方式的开启。也就是说，企业要转变先生产后消费的观念，肯定消费的中心地位，依据消费需求进行生产，如此才能生产出有价值的产品。

✧ 消费决定生产

先生产后消费，消费者对产品没有参与权，一切都由生产者控制。但实际上，生产者根本找不到一种低成本的方式去获取所有消费者的需求，因此只得采用一刀切，即根据广泛的需求生产产品来面对所有的消费者。

在这种经营方式下，生产与消费者需求相互脱节，使得生产者成本降不下来，消费者需求得不到满足。

生产者本是价值的创造者，可在先生产后消费的经营模式下其创造的价值如同鸡肋。新时代下，生产与消费的关系已经发生了翻天覆地的变化，先生产后消费扭转为先消费后生产。从用户角度设计产品，根据消费需求进行生产，这是当今企业的生存之道。

在电动牙刷领域，欧洲的飞利浦和宝洁旗下的欧乐 B 有着数十年的技术积累和品牌沉淀，占据着绝大部分的市场。但是，巨头也并非不可挑战，在新的时代背景下，飞利浦和欧乐 B 还是采用过去的商业模式，新品慢慢地趋向工业风，而且要历时三四年才能推出，如何缓慢的节奏让其越来越无法适应当今消费者的需求。

瞄准消费者需求，Usmile 充当了电动牙刷的“搅局者”。为充分了解消费者的痛点与需求，Usmile 团队不仅调查众多牙科诊所，而且专门跑到很多家庭中参观其梳洗台。结合消费者牙刷的使用痛点，Usmile 列出了几十条需求，在生产阶段逐一解决。

针对消费者对外观的需求，Usmile 花重金聘请顶尖设计团队，推出一系列具有独特气质的产品，甚至以此拿下了众多国际设计大奖。此外，Usmile 在细节上的设计更为周到，如牙刷的颜色与包装盒颜色相对应，充分考虑消费者偏好的颜色。

针对消费者在使用上的痛点，Usmile 进行了多种贴心设计。由于个头与重量较普通牙刷较大，电动牙刷收纳一直困扰着消费者。为此，Usmile 为消费者提供免打孔设计的壁挂架，即方便又简单。

针对消费者在体验上的痛点，Usmile 在技术上进行了改进。一是感应设计，消费者拿起 Usmile 牙刷便自动启动，只需按一次键便可以开始刷牙，而且，如果长时间不按键会自动关闭。二是提示设计，在刷牙期间，

Usmile 牙刷每隔 30 秒会有一次停顿提示，防止消费者刷牙时间不足或者过长。三是模式选择，根据刷牙需求不同，Usmile 有三种模式来解决消费者的多种刷牙需求，如美白、清洁等。

针对消费者在外出携带上的特殊需求，Usmile 进行技术创新和设计创新。一方面，在续航能力上 Usmile 做到了充电半小时续航 6 个月，而且充电器采用的是 USB 接口，通用性好，消费者外出时无须携带专门的充电器，可直接使用手机充电器。另一方面，Usmile 还专门提供了一个便携包，方便消费者旅行携带。

作为新兴的电动牙刷品牌，Usmile 凭借对消费者需求的把握，取得了不俗的成绩。在 2017 年和 2018 年的重要促销大节，如京东“6·18”、天猫“双 11”等，销售量均名列第三，超越了老牌电动牙刷品牌松下，与飞利浦、欧乐 B 同列第一梯队。

其实，对企业来说，最大的痛点是无法解决消费者痛点。在这个时代，消费者居于市场的主体地位，其偏好决定着企业的生死存亡。为此，面对产品同质化的危机，面对不断下滑的销售量，面对不断缩小的市场空间，企业必须转型。转型的关键便是要从源头上对产品进行转化，对消费者进行全面调研，结合需求，从原来的无序生产转化为按需生产，从而从同质化过渡到个性化。

按需生产，即消费者需要什么就生产什么，这是一个逆向生产的过程，是社会大洗牌的结果。这便是如今生产与消费的关系，搞清楚这一关系，是企业接下来顺利重构商业模式的重要前提。

第三章
营销之势：从价格战到价值战

在这个产能过剩的时代，企业最频繁使用的搏杀利器便是价格战。从团购到闪购，从网约车到共享单车，疯狂补贴成为众多企业的一致选择，价格战成为各行各业的常态。

在价格竞争中，弱势企业往往会被淘汰或被兼并，即便在市场上存活下来的企业亦是元气大伤，根本没有精力去面对下一轮的比拼。企业本想通过低价把竞争对手压垮，但是同时也给自己套上了绞索。

于企业而言，价格战伤人害己。在这个经济形势日益紧张的时代，顾客是品牌内核的来源，是企业得以存在的根本。因此，企业要想发展，必须以顾客为中心塑造价值，从价格战走向价值战。

第一节　商战中的营销趋势

21 世纪的终极杠杆是什么？是营销。营销的终极使命是追求利润最大化，但实际中有不少大企业采用“杀敌一千自损八百”的价格战，使得企业与利润和价值渐行渐远。那么，商战中的营销趋势又如何呢？

✧ 价格战的没落

曾经，价格战在我国企业的发展中起到了重要的作用，为企业开辟了疆土。例如，在外国品牌垄断微波炉市场的情况下，格兰仕通过价格战将时值数千元的微波炉降到仅仅数百元，一举夺下市场。又如，在苹果、三星等国外智能手机品牌在国内市场大肆布局的时候，小米凭借千元机的价格优势引爆市场，为自己争得了一席之地。

价格战曾让一些企业不断攻城略地，壮大了企业，但是商战之中是没有永恒的。时代在改变，环境在改变，价格战开始变得格格不入。

随着人均收入的提高，消费者对价格不再像困窘年代那般敏感，低价不再是消费者购买商品时的决定性因素，新的购物心理出现了，如求名、求新、求异等。因此，价格战的局限性越来越明显，其负面作用更是被放大。

价格战对企业增长贡献呈现出边际递减趋势，甚至出现了反作用。那些价格战竞争激烈的行业如今纷纷吃到了苦果，曾经在价格战中走向辉煌的彩电业、空调业等如今大部分或是亏损，或是沦为微利产业，企业不堪其累，倒闭更是常事。另外，价格战往往是以牺牲企业正常的利润甚至以亏损为代价的，故而企业往往大而不强。这些企业虽然抢占了市场，但是利润积累却有限，导致后续的研发创新等投入严重不足，制约了企业的可持续发展。

于企业而言，价格战不是长久之计；于国家而言，价格战更非良策。价格战曾让中国产品走向世界，一跃荣升为制造大国，但同时“中国制造”也因此被贴上了“廉价”的标签。另外，由于低价，中国企业一次次站在国际反倾销诉讼的被告席上，被起诉次数居世界之最。

价格战破坏的是市场以及生态中的每一个参与者，其弊大于利的事实如今已是共识，但是仍有企业屡次挑起价格战，妄图成为例外。殊不知，企业本就不是价格的制定者，而只是既定价格的接受者。纵然价格影响着消费者的接受和购买，决定着企业的竞争力和盈利水平，但它并不是企业所可以决定的。价格是消费者购买商品或服务时所愿意支付的经济成本，它受供求关系的影响。若是企业强行进行价格制定，其必将为价格所反噬。

面对价格战，马云曾警告那些痴迷于价格战的企业，如果继续执迷不悟，就离死不远了；贝索斯也曾含蓄地表达过，认为提供低的价格很简单，但是要承担得起低价却很难。管理学大师德鲁克更是在很早的时候便提醒道：“一些企业采用疯狂降价的手段为买主提供极优惠的价格与现金折扣，实际上只是白白耗费了巨额的资金，更糟糕的是流失了大量潜在的客户，随着产品降价，企业信誉在客户心目中的位置也一落千丈。”营销的拐点已经到来，价格战也终于走到了末路。

✧ 价值战的未来

美国营销学家杰罗姆·麦卡锡曾提出，营销是指某一组织为满足消费者而从事的一系列活动。消费者需要的是需求的满足，为做到这一点，企业必须在产品或服务的价值上下功夫，即采取价值战。

1号店董事长于刚曾说："电子商务的发展不能靠价格战来促进，一定要靠服务增值。"这个价值，是消费者需求的满足，其往往代表着质量、文化、价值或者身份等。例如，"德国制造"会让消费者产生质量过关、可信任的感觉，这是因为德国产品用高品质、高质量塑造起了自身的价值印象。又如，诚品书店把人文、创意、艺术、生活等融入商业，其价值本身便是文化。再如，香奈儿、古驰等各大奢侈品固然有着精湛的工艺，但是其价值更多的是一种身份的象征。

价值可以让消费者快速认可并接受企业的产品或服务，是企业可以产生增值的无形资产，是企业区别于其他竞争者的核心。例如，中国消费者一次次前去日本疯狂抢购马桶盖、电饭煲等产品，为何他们要千里迢迢去国外购买也不肯选择近在身边的国货呢？其中的关键便是，消费升级了，但是国内企业的产品却没有升级，在价值上远远低于消费者的心理预期，无法满足其诉求。为此，企业必须改变传统的营销模式，基于消费者层面重新规划。

首先，企业要以消费者为中心，以市场为导向，以产品为核心，通过对市场的洞察寻找其中的蓝海市场，以优质产品取得先发优势。与价格相比，今天的消费者更看重质量，质量是价值的起点，是企业发展的基石。

其次，企业要全方位了解消费者，通过与消费者直接对话，画出清晰的消费者画像，以满足其深层诉求。先生产后消费的传统模式如今已彻底为先消费后生产所取代，在今天，谁能赢得消费者的青睐谁便在竞争中取得主动权，而与消费者直接对话是获取需求的有效途径。

最后，针对消费者特性、使用场景等，企业要加强消费者体验，以求得其对品牌的认同。对消费者来说，其关注点已经从具体的产品或服务转变为一次完整的体验，体验影响着消费者的最终感受与评价，进而影响着企业的品牌与价值。

在如今的商业价值体系中，质量是价值的起点，与消费者直接对话是有效方式，在体验中形成品牌是贯穿整个过程的核心。从价格战转向价值战是企业的必经之路，而本书正是指导各个企业走上这条道路的实践指南。

第二节 质量是价值的起点

改革开放初期，产品供不应求，企业只要生产出符合国家质量检验标准的产品，甚至是次等产品也会被抢购。在那样的时代条件下，消费者只求能够买得到和买得起，对质量几乎没有要求。

如今物质由短缺变成过剩，市场主动权从卖方的手中移交到买方手中，矛盾也从“消费者能否买得到和买得起”转变为“企业能够卖得出”。质量成为消费者购买产品的重要参考，更是企业价值的起点、发展的命脉。

✧ 成于质量，败于质量

今天，麦当劳、肯德基、必胜客等洋快餐的店面开到了中国的各个城市，那么国内有没有一家可与之媲美的餐饮品牌呢？其实，早在20年前，国内市场便已诞生了一家风靡全国的餐饮品牌——味千拉面。这家曾经餐饮市场的弄潮儿，从创立之始便一直顺风顺水，缔造了一个个餐饮神话。然而，就在其意气风发之时却遭遇“滑铁卢”，业绩长期下滑。

曾经，在深圳世界之窗，味千拉面的创始人潘慰用一辆大篷车开启了创业之旅。与简陋的摊子和偏僻的位置形成鲜明对比的是人头攒动的食客。

在那个寒冷的冬天，食客们络绎不绝，热气腾腾的骨汤面香气四溢，一天之内居然卖出了 2000 多碗，营业额甚至在一周之内突破了 20 万元。

之后，味千拉面迅速在寸土寸金的上海淮安路开设了门店，硬是在大牌云集的商业街开设了一家快速休闲餐厅。这一举措在当时是令人不可思议的，大部分人都等着这家店关门。然而，事实却是这家店大受顾客好评，仅仅用了三个月的时间便收回了成本。

自此，味千拉面开始了快速扩张之路。2003 年，味千拉面门店数达到 13 家；2007 年，仅仅四年的时间味千拉面的门店便扩张 10 多倍，达到 210 家……门店扩张的同时，味千拉面的销售额也在不断增长，从 2003 年 1.3 亿元的销售额一直攀升至 2007 年时的 3.91 亿元。

2007 年 3 月 30 日，味千拉面母公司在香港联合交易所主板上市，成为国内第一家在境外上市的餐饮连锁企业，创造了一个餐饮神话。曾经的成绩有多么耀眼，如今的境遇就多么让人唏嘘不已。味千拉面如今没落的局面也并非没有由来，其中最关键的因素便是在质量上对顾客的误导。

味千拉面的售价并不便宜，在十几年前便卖出 30 元一碗，味千拉面绝对是第一家，但是顾客却买账。纯骨汤熬制，这是味千拉面的卖点。“一碗汤的钙质含量更是牛奶的四倍、普通肉类的数十倍”等广告语轮番向顾客灌输着，在味千拉面的官网上更是给出了权威机构的一组数据，“一碗汤的容量是 360 毫升，含钙量高达 1600 毫克”。在质量面前，顾客没有为高价吓住，那些关注孩子健康的家长更是专门带孩子来到味千拉面的店中，只为让孩子补钙。

顾客并不是不关注价格，只是他们更关心质量。味千拉面在顾客心目中树立起了高质形象，更是成为市场的宠儿，门店数量不断增加，销售额不断增长，成为当时餐饮行业的标杆。高质骨汤，让味千拉面走上了巅峰，让人没有想到的是，让味千拉面走下神坛的则是“骨汤门”。

2011 年 7 月 21 日，媒体曝出味千拉面极力宣传的纯骨汤熬制的汤底其实是由浓缩液勾兑而成。当初的顾客奔着高质骨汤而来时有多么的热情，如今就有多么的愤怒。味千拉面的危机最先显现在股市上，“骨汤门”爆发当日，味千拉面股价下挫 0.9%，数日后更是狂泻不止，几日内其市值便缩水 42 亿港元。

在质量上失去了顾客信赖的味千拉面颓势难收，销售额一跌再跌，当时雄心勃勃的“五年千店”计划也再无实现可能。从味千拉面的兴起与衰落中可以看出：仅有规模，无法保持领先；拥有顾客，才能真正领先，而质量是拥有顾客的基础因素。

✧ 质量在线，价值加身

在国内，味千拉面拥有着 700 多家门店，足迹遍布中国 120 多个城市，与同行相比有着突出的竞争优势。所谓“瘦死的骆驼比马大”，有着 20 多年底蕴的味千拉面也并非无法逆风翻盘。

“民以食为天”，餐饮行业本身具有着市场广阔、高频刚需的行业特点。近年来，随着外卖行业的蓬勃发展，餐饮行业的前景更是一片大好。据统计，2013 年我国餐饮行业的总收入为 2.64 万亿元，2017 年这一数据已增至 3.96 万亿元。于味千拉面来说，市场前景是毋庸置疑的，关键在于重新取得顾客的信任。

当初的味千拉面因高质打入市场，又因质量而为顾客诟病，同样，味千拉面要想重新夺回市场份额，出路依旧在质量上。因此，对味千拉面来说，重申“致力于为顾客提供高水准的拉面和高品质的服务”这一信念就显得格外重要了。

“骨汤门”事件爆发后，味千拉面真诚地向顾客道歉，承认所用汤底并非熬制，但猪骨汤精确实是用猪骨熬制浓缩而成的。为避免事态进一步严重，味千拉面在公关的同时优化品牌线，将产品分为高、中、大众三档。此外，为保证食材品质，味千拉面积极布局上游产业，进一步推进新生产基地的建设。

2015 年，随着外卖竞争的进一步加剧，味千拉面出资 4.66 亿元投资百度外卖业务，以求可以把握住餐饮行业新的增长点。同时，味千拉面重新启动门店网络扩充，加快在北京、上海等成熟市场的布局。这些举措让味千拉面重新回到顾客的视线，其在质量方面的改进也得以为顾客所知。

2018 年 8 月 23 日，味千拉面公布了 2018 年中期财报，上半年实现营收 11.53 亿元，而在 2017 年这一数据为 11.52 亿元。与那些如日中天的企业相比，这约 0.1% 的增长是那么的微不足道，但却是味千拉面自“六连跌”之后的首次增长，是其三年来最漂亮的一期财报。

回望过去一路走来的风风雨雨，味千拉面在成功登上峰顶之后迅速跌下谷底的惨痛教训足以给整个行业警示——关注质量与顾客是什么时候也不能丢弃的根本所在。而于味千拉面来说，2018 年上半年的营业增长虽然微小，但是无疑给了其坚持下去的信心，只要致力于为顾客提供高水准的拉面和高品质的服务，重回以前的辉煌并非不可能。

质量是价值的起点。没有质量的产品是没有价值的，即使价格再低也无济于事。夯实好质量的基本功，即使价格相对较高，也会得到市场的认可。

第三节 与消费者直接对话

随着全球化、传统行业与科技的融合，企业与消费者之间的博弈正在发生着变化，企业独自决定生产与价值的传统经营模式正面临着严峻的挑战。

在这个时代，消费者不再是价值的被动接受者，而是价值的共创者，信息不对称的主动权已转移到消费者的手中。未来，谁距离消费者更近，谁就掌握了主动权，谁就更容易取胜。

✧ 生产的趋势

传统市场以企业为中心，消费者是企业出售产品的对象，是产品的被动接受者，这时市场被定义为交换产品和服务的地点。在传统商业模式的主导下，企业与消费者之间很难进行对话，甚至有着很深的距离感。同时，作为企业和消费者之间的中间人，经销商、分销商和零售商等不但没有将企业和消费者联系起来，反而进一步将两者割裂开来。

在传统市场中，消费者是被动、孤立的。消费者一方面缺少获取信息的渠道，另一方面在与其他消费者交流的能力上也存在不足。如今，随着互联网时代的到来，信息获取变得越来越简便，交流变得越来越方便，消费者与企业之间的关系也开始慢慢转变。

具体来说，工业革命以来，社会生产方式的演变经历了三个阶段：标准化制造阶段，企业通过大规模生产分摊固定成本，通过效率的提高迅速占据市场，这一阶段价值由企业向消费者开始转移；大规模定制阶段，消费者根据需要自由组合产品，这一阶段消费者有了更多的选择权，并间接参与了价值创造的过程；个性化需求阶段，市场被切割成一个个小碎片，生产和服务变得更加柔性，这一阶段消费者直接参与到了价值设计的过程中。

消费者的参与，让企业的研发、生产、渠道等提高了精准性。生产者与消费者不再是对立的关系，而是价值的共同创造者。在新的商业环境下，企业更应该将目光锁定在消费者身上。

与消费者进行对话，具体来说可通过如下步骤实现价值的转化：一是价值选择，企业在生产之前便需要思考为消费者传递什么价值，为此企业可通过调研分析来选择市场，进而锁定消费者群体，依据其共性进行价值定位；二是提供价值，企业要根据所选择的市场和消费群体，开发设计产品或服务，形成价值；三是传递价值，即通过一定的营销方式引导消费者，促成成交，这是价值实现的过程。

如今越来越多的企业意识到与消费者进行对话的必要性。企业选择并了解消费者的传统模式已进化为消费者主动选择企业，市场主动权已悄然易手，但是企业却并不能就此甘于处于被动局面。对企业来说，在消费者不断“进化”的过程中，把握消费者特性，主动加强与消费者之间的对话，是企业在竞争中取得优势的重要一环。

✧ 对话中创造价值

随着互联网的高速发展，传统制造业正面临着一场史无前例的大变革。在全球范围内，传统制造业都受到了巨大的冲击，那些曾经如日中天的明星企业也不例外。例如，在经济压力下，2018 年 9 月 24 日，德国西门子宣布将在德国裁撤大约 2900 名员工，以节省重组的经费。

变革意味着挑战，同时也代表着机遇。面对全新的市场环境，企业必须转换思路，摒弃过去陈旧的观念，加强与消费者之间的对话。在现在，单凭独特的技术和产品已经无法赢得消费者的青睐，那些与消费者直接进行对话，对消费者的价值有着透彻理解的企业可以轻松地获得消费者好感，例如海尔。

消费者需求没有得到彻底满足，产品便存在着有待改进之处，市场就存在着巨大商机。例如，随着“家电下乡”如火如荼地进行，海尔大量的冰箱、洗衣机等家电产品进入农村家庭中。这些产品都是经过市场检验的，在质量上有着绝对保证，但是下乡的家电却频繁需要维修，而且不止海尔单个品牌如此，其他品牌亦然。

在其他品牌选择视而不见的时候，海尔选择下乡与消费者面对面交流，结果发现：这些电器产品的损坏并非出自质量问题，也非出自使用不当，而是老鼠咬断了连接线。通过与消费者直接对话，海尔准确把握住了消费者的需求，马上推出防老鼠电器，在农村市场取得了良好的反响。

不进行直接的对话，企业便难以把握消费者的需求。随着互联网技术的不断深化，海尔进一步加深了与消费者对话的程度。

除了与消费者之间面对面对话，在大数据、云计算等技术的支持下，海尔在线上构建起了一个交互平台——U+。在这个平台上，世界各地的消费者都可以自由地提出自己对家电的需求与想象。通过这个平台，海尔根据消费者的兴趣爱好、品牌喜好和购买意向等信息，生成了清晰的消费者画像，准确把握住了消费者的个性化需求。

消费者的需求直接体现在产品或服务中，企业与之进行的对话才能发挥作用。为此，海尔让消费者直接参与到产品的研发与制造中——搭建开放式创新平台 HOPE。在此平台上，消费者可以与全球一流的资源、创客零距离沟通，并根据需求完成产品的设计与研发。

在这个时代，信息壁垒正在逐步瓦解，消费者的权力意识被唤醒并不断增强。企业能否在新时代下创出一片新天地的关键在于能否满足消费者的需求，而其中的核心便是通过与消费者的直接对话，把握其内心诉求。通过与消费者直接对话，海尔走出了一条胜利之路，这对其他企业亦然。

第四节　在体验中打造优势

在物质匮乏的年代，人们对价格极为敏感，相比优质服务，低价更能吸引他们。但是，随着经济发展，消费升级，价格不再起决定性作用，人们更注重服务体验。因此，今天没有高端、中端顾客的分类，企业需要找的是对产品或服务价值有共鸣的顾客。

✧ 顾客成就企业

在传统商业模式中，顾客是产品或服务的被动需求目标。企业为自己的产品和服务寻找顾客，而不是为顾客提供所需要的产品和服务。这样的模式让企业与顾客站在了对立面，顾客难以对产品或服务满意，更难具有忠诚度。

在卖方市场为主导的过去，忽视顾客体验的企业尚且还能继续发展，但在买方市场为中心的今天，忽视顾客需求的企业只有死路一条。

顾客是企业获得市场与发展的核心资源。顾客满意便会重复购买，而且还会影响到其周边群体对企业的评价，从而为企业带来更多的目标顾客，获得发展的机遇；顾客不满意便不再购买，并对企业有着负面评价，而这可能会导致一部分人失去购买愿望，使企业市场萎缩，发展受阻。

这是一个市场无比广阔的商业时代。随着经济发展和消费升级，各个行业都迎来了难得的机遇。同时，这又是一个竞争激烈而残酷的时代，各个行业都不停地诞生新的企业，同时又不停地有企业破产、重组。在这样的环境下，如何俘获顾客成为决定企业生死的关键。

过去几年里，团购、外卖、网约车、共享单车等行业经历了疯狂式爆发，而今天，医美行业开始进入下半场。我国医美行业虽然已经有了将近30年的发展历史，但乱象丛生，行业管理亟待加强。据统计，2017年我国医美市场规模达到1760亿元，分析推断，2018年或可达到2245亿元。

医美有着广阔的市场前景，但是也并非入局的企业都可以得到好的结果。对医美企业而言，利润并不单纯是成本与价格的关系，它更需解决顾客与企业发展的关系。因此，要想把握住机遇，离不开的是对顾客痛点的解决。

一方面，目前我国医美行业不成熟，还没有建立起一套完善的行业准则，仍存在诸多安全隐患。另一方面，医美行业大多是通过漫天的广告来获取用户，在营销上投入了大量的资金，而这些成本最终都转嫁到了顾客头上，导致医美行业的价格普遍高昂。

于顾客而言是痛点，于企业而言则是机遇。痛点让顾客踌躇不前，而解决顾客痛点则可成就企业。在医美行业，率先解决顾客痛点的是新氧，它不做医疗机构，只做平台，帮助顾客寻找到安全、经济的医疗机构，获得了顾客的信任和忠诚。

✧ 以顾客体验为中心

产品或服务本身不是体现价格的，而是体现企业价值追求的。互联网医美平台新氧做的是一个服务平台。对C端用户，新氧采取完全免费的策略；对B端商家，新氧则提供一系列服务，如营销方法、广告流量、用户大数据分析等。

这家成立于 2013 年的医美平台，至今已服务 3500 万名顾客，平台积累了 380 万篇真人整形日记，在独立访客上更是超过了排名美国第一的医美分享社区 RealSelf，成为全球最大的医美互联网平台。2018 年 9 月 4 日，新氧成为唯一进入 E 轮融资的医美平台，不到一年的时间融资达近 1.6 亿美元，成为医美领域的一只独角兽。

新氧的发展可谓是一骑绝尘，而这般发展态势离不开新氧以顾客为中心的商业模式。

在品牌上，新氧潜移默化地在顾客心目中树立起专业化的形象。至今，新氧已与7000多家正规医美机构和2万多名具有职业资格的医生合作，在专业上获得了顾客的认可和信任。在大众的认知中，医疗是有风险的，安全是顾客最大的痛点。当品牌在顾客心目中形成的认知越专业，其越容易成功。

在价格上，新氧让医美费用有了明显的降低。新氧消灭了中间环节，以及不必要的运营环节，真正做到了整形产品标准化、价格透明化、评价公开化，正规医院、正规医生，让消费者以合理的价格收到最好的效果。据悉，近三年医美项目线上均价下降了 29%，这便是得益于新氧的明码标价。

在产品上，新氧利用 AI 技术，使顾客需求得到满足。在用户层面，新氧通过多维度的分析刻画顾客肖像，根据其需求推动相关内容；在医生层面，新氧通过深度学习的算法模仿医生的沟通方式，减少医生压力。了解并满足用户需求，这让新氧备受青睐。

在内容上，新氧不断更新专业知识，丰富其内容体系。目前，新氧已经发布了接近 400 个医美项目、68 种药品、64 种医美仪器的信息，不仅在微信公众号中及时发布信息，还上线了新氧百科，自制短视频，通过内容更新保持顾客的忠诚度。新氧的文章和短视频有着风趣幽默的语言，将枯燥乏味的医美知识讲解得异常有趣，深得顾客喜爱。另外，新氧还针对医生做了大量培训活动，吸引医生的入驻。

在宣传上，新氧不遗余力地做推广。新氧联合众多医美机构在商场、户外、地铁站等地方投放广告，一方面扩大了新氧的知名度，另一方面也减少了医美机构的广告投入，加大了其入驻意向。此外，新氧还做了大量的线下活动，邀请顾客参与体验，培养了顾客的忠诚度。

在心理上，新氧化解了顾客的顾虑。医美平台都是以顾客评价为核心的，但是对目前的大众来说，医美过于隐私，很少有人愿意将医美经历分享给其他人。但是对于新氧这样的垂直平台，其面向的群体是同一人群，在这里人们不会引来异样的眼光，用户不仅不避讳，反而十分乐意分享。对于平台而言，当分享机制做好了，之后的发展便是水到渠成。

此外，新氧并不完全以利益为导向，而是完完全全站在顾客的角度思考问题。有一种观点叫“整形上瘾”，有些做过医美的人可能会在衰老面前丧失理智，不断地想要修护自己的容颜。这样的行为于新氧而言明显可以增加其利润，但是新氧却建议顾客理性整形，按需调整，达到最佳性价比的效果。

正如新氧的创始人金星所说：“新氧没有把自己定位成一家流量公司，而是把自己定位成一家服务公司，是因为我们觉得，终极的竞争一定是在用户体验方面。”新氧将提供更好的顾客体验当成了自己的使命，做到了以顾客为中心。

2017 年，新氧线上交易额超过了 60 亿元，同比增长 300%，以顾客为中心的商业模式让新氧收到了实打实的经营效果。其实，不管是互联网医美行业，还是其他行业，商业经营万变不离其宗，在产品或服务上与顾客产生共鸣便是其走向成功的一个强有力武器。

第四章
经营之道：从利润薄到利润区

随着企业的成功和壮大，它们变得越来越形式化和官僚化，与消费者渐行渐远，决策越来越缓慢。因此，“规模不经济”效应开始显现，从而削弱了规模带来的成本优势。同时，原材料涨价、劳动力涨价，产品价格却持续走低，企业利润变得越来越薄。

面对这一现象，本章从经营上给予企业解答，阐述从利润薄到利润区的方法与途径，帮助企业重塑价值。

第一节 目的：走出无利润区

当前，我国经济迎来了前所未有的新局面，企业则面对着新的机遇与挑战。在新形势下，技术的进步和消费者心理的转变使市场竞争日趋激烈，一些企业搭乘改革开放的“便车”，快速完成了自身的成长；也有一些企业失去了昔日的竞争优势，无奈陷入了无利润区。

市场环境时刻都在变化，利润区也并非永久保持一种固定的形态。依靠高市场占有率取胜的时代已经过去，如今利润区已经向更有价值的商业活动转移。那么，面对新形势、新挑战，我国企业如何从无利润区走向高利润区，实现价值的持续增长呢？

✧ 高利润区的战略思维

在旧经济秩序下，不断改进产品和打造规模经济是企业关注的焦点，因此那些有着高市场占有率的企业可以获得更多的利润。然而，近二三十年来，随着科学技术的发展和全球竞争的加剧，商业规则已被重写，那些仍然企图以高市场占有率和规模取胜的企业已经举步维艰了。在竞争激烈的市场中，要想进入高利润区，企业必须转变战略思维，适应新的商业规则。

第一，寻找新的市场空间，实现从“红海”向“蓝海”的跨越。在饱和的市场上，企业之间的竞争变得异常激烈而残酷，规模效应的优势也逐渐被减弱，获取利润变得越来越困难。为此，企业必须转变思维，摆脱固有思维禁锢，通过寻找新的市场空间，从同类型企业中脱颖而出。

第二，挖掘并运用数据背后的价值，科学化经营。这是一个数字化时代，几乎消费者的任何信息都可以被记录。未经处理与分析，那么这些数字就只是数字；一旦运用科学手段进行处理与分析，那么这些被读懂的数字就是企业的金矿。消费者的偏好是需要企业自行调查、收集的，而数据是最直接的参考。

第三，根据市场环境的变化，重新审视企业在市场中的位置。商业环境瞬息万变，企业的竞争对手也并不是永恒不变的。银行的竞争对手不再只是同行，支付宝等互联网金融俨然已经成为其在新环境下的最大竞争对手。企业应该打开思路，认清环境的变化，从而为未来发展瞄准方向。

第四，处理好与利益相关者的关系，构建安全的生态圈。例如，电商的痛点是交易的安全性，这是商户和消费者都关注的核心点，为此，阿里巴巴开发了支付宝，打消交易双方的顾虑，通过为其提供便捷、安全的服务，打造了一个商业奇迹。

第五，基于核心能力进行价值重组。随着发展，很多企业会面临这样一个问题：企业规模扩大了，市场占有率也提高了，但是利润却下降了，甚至出现了亏损。这些企业落入了发展的“陷阱”，规模扩大成了稀释核心能力与价值的催化剂。而企业的发展必然是围绕核心能力不断进行价值重组的过程，从无利润区走进高利润区。

✧ 高利润区模型

具体如何进入利润区，本书给出了 8 种模式，企业可依据自身实际进行选择。

1. 客户解决方案模式

客户解决方案模式是指企业要在前期投入资金了解客户需求，根据客户需求设计产品和运营方式。采用这一模式，企业前期的投入势必要大于收入，但换回的却是极高的产品成交率和良好的合作成功率。这是因为，留住客户是盈利的关键因素，而前期的了解则是重要手段。

2. 多层次产品模式

多层次产品模式是指企业要根据客户在色彩、样式、价格等方面的偏好构建多层次的产品，通过细分产品，使不同客户的需求都可以得到满足。很多企业都有个误区，认为高端领域的利润是最大的，于是便逐渐放弃了对低端领域的控制权，殊不知这样只会给后来者机会。例如，20 世纪 60 年代中期，美国汽车扎堆生产高端轿车，导致低端轿车市场出现缺口，日本汽车顺势占领低端市场，并借低端市场逐渐向高端市场进军。

客户的需求从来都不是单一的，满足客户多层次的需求是企业占领市场的关键，是获取不同领域利润的根本出发点。

3. 多元模式

多元模式是指在市场中不同部分的利润空间是不同的，企业要充分利用不同市场的功能，不能单凭利润这一项指标决定不同市场的去留。例如，如今电子商务十分火热，通过电商渠道，销售型企业的成本得到了大幅度降低，但是企业依旧不能放弃利润较低的实体门店。这是因为，对企业来说，实体门店更多的是进行市场开发和维护的，虽然利润较低，但对维护企业在利润区的地位是非常重要的。

4. 速度模式

速度模式是指在那些易于被模仿的领域，企业的利润极易被效仿者所侵蚀，因此企业要想确保长期盈利，必须快速创新，重新进入利润区。例如，第一批生产 DVD 的企业大赚了一笔，有的企业之后通过快速创新进入到新型产品的生产中，继续获取着高利润，还有一些企业则继续生产 DVD，结果市场空间饱和，不仅没有赚到利润，反而赔了一笔。

5. 产品规模盈利模式

产品规模盈利模式是指在开发成本较高但制造边际成本较低、产品收入差别较大的行业中，通过推出一款主打产品，扩大销售规模，收益便会越来越多。例如，对书刊行业来说，印刷一种图书的成本较大，但是制造边际成本较低，也就是说，随着数量的上升，生产一本书的成本会越来越低。因此，对书刊制造企业来说，扩大生产规模是其增加利润的有效方式。

6. 利润乘数模式

利润乘数模式是指从同一产品、形象、品牌、能力或者服务中重复获得利润。这一模式的关键是建立一个强大的品牌，然后依托品牌开发一系列产品。例如，通过在屏幕上塑造的米奇、米妮、白雪公主等角色，迪士尼成为一个受消费者欢迎的品牌，之后，迪士尼开始围绕品牌进军一系列行业，如文具、服饰、游乐园等，让品牌的价值不断扩大。

7. 专业化模式

专业化模式是指砍掉不擅长的、利润低的业务，专注于擅长的、利润高的业务。几乎所有的企业都是凭借某一特长而打开创业局面的，之后随着规模的扩大，企业往往会选择进军其他领域，甚至企业所不擅长的领域，结果便是“规模不经济”，即利润下降。

8. 行业标准模式

行业标准模式是指通过基础产品占领市场，并基于此建立行业标准，进而带动整个行业的消费者和竞争行为，如高通的壮大便是基于其在通信行业的标准制定权。有人说，三流的企业做产品，二流的企业做服务，一流的企业做标准。这句话，生动地肯定了标准制定者的地位。

除了以上 8 种模式外，现代企业运用的盈利模式还有很多，在此不一一列举。对任何一个企业来说，要想走出利润薄的困境，必须从模式上进行转变。企业必须结合所从事的行业、自身实际等因素，选择适合自己的盈利模式，从而走进利润区，迎来广阔的未来市场。

第二节　过程：价值链的转换

这是一个最好的时代，也是一个最坏的时代。全球化的竞争和商业环境的变化给我国企业带来了前所未有的机遇和挑战。在新形势下，有的企业被时代颠覆，就此沉沦；有的企业则抓住了机遇，昂然奋起。

未来的竞争不再是产品的竞争，也不再是渠道的竞争，而是整个价值链的竞争。商业环境复杂多变，价值链也在不断进化。那些快速完成了价值链转换的企业，获得了更多增值、盈利的机会。

✧ 颠覆：价值链的重构

1985 年，迈克尔·波特在其著作《竞争优势》一书中提出了价值链理论。根据波特的理论，价值链是指由各个相互关联的生产经营活动构成的一系列价值创造过程。如今的商业竞争实际上是价值链的竞争，价值链的优劣直接决定了商业模式的优劣。

当前，国内很多中小企业都面临着“存量大”“利润薄”等痛点，这与价值链有着密切的关系。传统价值链以企业为导向，生产什么就销售什么。然而，随着我国经济步入新常态，消费者对产品的要求越来越高，消费结构不断升级，传统的生产方式已经不能满足消费者个性化和多样化的需求。因此，在新的商业环境下，那些遵循传统价值链进行生产的中小企业普遍陷入了产品滞销、无利可图的窘境。

在网络经济时代，信息壁垒正在迅速瓦解，客户掌握了更多的主动权。因此，以客户为出发点的现代价值链取代传统价值链已经成为不可逆的趋势。那么，面对新形势，中小企业应该如何布局现代价值链，解决当前痛点呢？

首先，以客户偏好布局生产链。了解客户偏好是布局现代价值链的第一个环节。消费决定生产，企业只有以客户偏好布局生产链，才能生产出适销对路的产品，避免货物积压。为此，企业可以先对市场进行细分，并从中选定目标客户，然后再通过市场调研深入了解目标客户的偏好，最后以此为依据布局生产链。例如，海尔根据客户需求开发出了一款既能洗衣服又能洗土豆的洗衣机，在满足客户个性化需求的同时，也促成了产品的迭代更新，实现了自身的盈利。

其次，以深度合作打造立体供应链。在传统价值链中，供应链被“绑架”，上下游之间相互分离，导致企业之间难以实现资源共享。因此，在布局现代价值链时，企业应该让客户参与到价值创造中，并与供应商建立合作关系，以打造立体供应链，实现价值共创。

最后，以全渠道营销布局交易链。在互联网时代，“线上＋线下”的全渠道营销模式使成交变得更容易。企业在布局交易链时，可以依托各大电商网络平台，也可以自建网络销售平台或布局线下零售店铺。打造交易链是企业布局现代价值链的关键一环，无论是互联网企业还是传统企业，都要以目标客户为出发点，打造出能够满足客户需求的多层次交易链，以促进成交，实现共赢。

现代价值链调转了传统价值链的方向，即客户需要什么，企业就生产什么。面对激烈的竞争，以客户为出发点的现代价值链是企业的必然选择。在新的商业环境下，谁能快速完成价值链的转换谁就能更快地占据市场，正如坚果行业翘楚三只松鼠，通过积极布局现代价值链创造了一个商业神话。

✧ 共赢：布局现代价值链

如今，行业竞争异常激烈，产品同质化现象十分严重，坚果行业亦是如此。三只松鼠、洽洽、百草味、好想你、良品铺子、口水娃、楼兰蜜语……收购与被收购不断在坚果行业中上演，而商业竞争的背后归根结底是价值链的竞争。

在这场激烈的“厮杀”中，三只松鼠通过积极布局现代价值链突破重围，脱颖而出。基于现代价值链，三只松鼠不再以企业自身为导向，而是以客户的需求和偏好为出发点，实现了客户的真正价值，因而一跃成为坚果行业的领导者。

在客户偏好上，三只松鼠对目标客户进行了精准定位，即年轻消费群体。首先，根据年轻消费群体崇尚个性的特点，三只松鼠采用了暖萌的形象设计和产品包装，让消费者耳目一新，极大地刺激了消费者的购买欲望。其次，针对坚果难开口、口味淡等问题，三只松鼠推出了 300 度大开口夏威夷果和“真好剥”山核桃，并对产品配方进行了调整，有效解决了客户痛点。最后，通过以客户为出发点，三只松鼠在满足客户迫切需求的同时，也使产品品质得到了提升。

在产品供应上，三只松鼠不仅让消费者参与到产品生产中，还和供应商合作建立了“契约基地”，从源头把控产品质量。例如，三只松鼠与新疆枣农和葡萄干农等供应商合作，这些供应商在生产时都会严格遵守三只松鼠的品质标准。此外，三只松鼠还与行业专家进行合作，建立了食品研究院，以进一步精准把控坚果品质。

在营销渠道上，三只松鼠聚焦布局“线上 + 线下”全渠道营销模式。例如，三只松鼠推出了自营 App，并将其与线下体验店和电商平台相结合，进一步拓展了营销渠道，构建了一种“自营 App+ 线下体验店 + 电商平台”同步运营的营销模式。

通过布局现代价值链，在过去 6 年时间里，三只松鼠累计营收 160 亿元，其中仅 2017 年销售额就达到了近 70 亿元，创造了一个商业神话。事实证明，只有基于现代价值链进行价值创造，企业才能实现品牌的强势升级，获得持续的价值增值。

三只松鼠的成功并非偶然，而是积极布局现代价值链的必然结果。无论哪个行业，商业竞争的核心都是价值链的竞争。于中小企业而言，积极布局现代价值链，以客户偏好为出发点、打造立体供应链、布局全营销渠道亦是其取胜的不二法门。

波特的价值链理论认为，企业与企业的竞争，不只是某个环节的竞争，而是整个价值链的竞争，价值链的综合竞争力决定了企业的竞争力。与传统价值链相比，以客户为出发点的现代价值链更符合市场要求，更具竞争优势。因此，在新的商业环境下，一个能够持续创造价值的企业必定是基于现代价值链进行思考的。在未来的商业竞争中，积极布局现代价值链即为中小企业解决痛点、实现增值的关键。

第三节　核心：定义未来客户

随着网络时代的开启，商业环境发生了翻天覆地的变化。从过去到未来，客户需求日新月异，在不同环境下呈现出了不同的特点。商品经济时代，客户追求的是高质量的产品；服务经济时代，客户追求的是高品质的服务；体验经济时代，客户追求的是个性化的消费体验。在未来的商业竞争中，客户仍然处于核心地位。因此，能够定义未来客户的企业才能获得长久发展的机会。

从客户需求的变化趋势来看，未来客户必定具备两个特征：一是更加追求个性化与情感化消费体验；二是消费主动性进一步增强。因此，面向未来，单纯地提供产品和服务已然无法满足客户的需求，精准把握未来客户的特征，并根据未来客户的需求及时调整经营策略才是企业实现持续增值的关键。

✧ 需求之变：重视个性与情感

过去，工业化和标准化的生产方式使市场上充斥了大量的同质化产品，并且国内消费水平普遍较低，因而消费者的个性被长期压制。而如今，随着国内生产力水平的不断提高以及网络的快速发展，年轻消费群体迅速崛起，客户有了更高层次的追求。在新经济秩序下，每个客户都是一个细分市场，个性化消费必将成为未来的消费主流。

另外，在追求个性化的同时，情感化亦是未来客户在购买产品和服务时考虑的另一个重要因素。科学技术发展迅速，在未来，产品的差异化程度会越来越小，因此未来客户更期望通过购买赋有情感的产品或服务来获得精神满足。

今天的企业竞争就是争夺客户心智的战争，能够及时抓住未来客户的真实需求并为之付诸实践的企业，才能在这场战争中取胜。近年来，国内很多企业都意识到了这一点，并为之付诸实践。以白酒行业为例，江小白可以说是近年来国内最瞩目的酒企。那么，作为一个新兴的酒企，江小白是如何做到与国内老牌酒企分庭抗礼的呢？

如今，“80 后”“90 后”快速崛起，成为消费市场的主流军，他们主宰着未来的消费格局。可以说，谁抓住了年轻人的钱包，谁就抓住了市场。江小白正是发掘了年轻客户群体的消费潜力，因此瞄准年轻市场，致力于为年轻人打造个性化和情感化的产品或服务。

传统白酒口感往往比较厚重，辛辣程度较高，并不符合年轻客户的口味。因此，江小白在口味上进行了大胆创新，并提出“低度化、利口化、时尚化”的口号，推出了年轻客户更易接受的香而不烈的清淡型高粱酒。当国内老牌酒企都在标榜自己古法酿造之时，新生代品牌江小白则聚焦于客户的真实需求，为中国酒类品牌带来了新的生命力。

与此同时，为了满足年轻客户的情感化需求，江小白将自己与青年文化进行了绑定，率先推出“语录瓶”。“无论今天多么糟糕，醉了、醒了，就是明天”“走过一些弯路，也好过原地踏步”“我们未必出类拔萃，但一定与众不同”……这些语录句句经典，字字灼心。包装虽然简单到极致，但是通过对顾客的情绪进行挖掘，江小白用叩击人心的文字引发了年轻客户的情感共鸣，俘获了年轻客户的心。

随后，江小白又迭代推出了“我有一瓶酒，有话对你说”的“表达瓶”。客户扫描江小白瓶身上的二维码，输入想表达的文字并上传照片，便可获得一个专属于自己的酒瓶。同时，江小白还会从中筛选出一部分作为产品文案投入生产并上市。江小白“表达瓶”增强了客户的参与感，使客户体验得到了溢价。

未来必定是年轻人的时代。针对年轻人的心理需求，江小白不仅为客户提供了个性化的产品，更将文化与情怀注入产品中，以真挚的感情和走心的文案打动了每一个客户，激起了年轻客户的购买欲望。

未来必定是体验经济的时代。购买产品的背后，未来客户注重的并不是产品本身，而是产品的附加价值，即通过购买个性化与情感化的产品来获得精神满足与心灵慰藉。江小白之所以能够取得营销上的成功，成为业界黑马，就在于精准把握住了年轻客户的真实需求。

✧ 行为之变：消费主动性增强

几十年前，中国市场处于卖方市场，卖家掌握着市场的主导权，客户只能被动地消费产品。而现在情况则大相径庭，国民经济实现了高速增长，人民生活水平不断提高，产品日渐丰富，加之客户的信息获取渠道越来越畅通，客户有了更多的选择权，因而被动消费正在悄悄地向主动消费转变。

未来，客户的消费主动性会进一步增强，消费者在产生消费需求后会完全自主地选择商家及其商品。这于企业而言既是机遇也是挑战。企业必须时刻把握客户消费行为的变化，以客户需求为导向提供产品和服务，这样才能抓住未来客户的心。江小白的成功之道就在于此。面对消费主动性越来越强的未来客户，江小白顺势而为，加大投入，创新渠道，致力于全面提升客户的购买体验。

加大技术投入，提升产品品质。品质是经营之根本，是客户选择产品时考虑的一个重要因素。江小白创始人陶石泉曾说：“为了提升 20% 的质量，我们愿意付出 200% 的成本。”为此，江小白生产基地江记酒庄加大了投入力度，终于研发出了“单纯酿造法”。这种方法以红皮糯高粱为单一原料，对生产工序的要求极其严格，时刻都在为江小白的品质保驾护航。

重构营销渠道，打破层层分销。随着消费主动性的增强，未来客户更期望能够快速、便捷地获得产品。而传统白酒企业采用的是层层分销、层层加价的营销模式，这意味着客户不仅不能快速地获得所需产品，还要承担更多的费用。江小白则从客户需求出发，只设置了一级销售渠道，并积极开展电商做直销，为客户构建了一种简单、高效的消费渠道。

布局消费场景，触发客户购买欲。为了让品牌渗透到年轻人的心中，江小白创办了一年一度的约酒大会，旨在消除年轻一代客户群体内心的孤独感。这场狂欢无关性别、职业和地位，只要客户有情绪需要抒发并且渴望交流就可以参与到其中。通过约酒大会，江小白把酒作为调动氛围的工具，传达出了一种情怀，即驱散孤独，重回现实社交，完美契合了年轻人的情绪，因此触发了客户的购买欲。

基于未来客户的真实需求进行创新，企业才能在未来的激烈竞争中开辟一片新蓝海。互联网信息时代不再是企业生产什么客户买什么的时代，而是客户需要什么企业就生产什么的时代。江小白正是以客户的真实需求为出发点进行品类创新，因而才在“小市场、小众人群”中迅速成长为一个畅销品牌。

社会在发展，时代在进步，客户需求亦在不断变化。面向未来，客户消费会越来越主动，对个性化与情感化的追求也会越来越强。企业必须时刻把握客户的变化特征，以未来客户的真实需求为出发点，以提升品质为根本，以创新渠道为保障，致力于为未来客户创造出最优质的消费体验，如此才能实现持续增值。

第四节　结果：挖掘增值潜能

如今，无利润区在经济版图上的面积越来越大，很多企业都深陷其中，无利可图。对此，陈春花教授曾指出，在新的商业环境中，企业要想从无利润区向利润区转移，就必须时刻把握市场环境的变化，深入挖掘价值增值的潜能，激发组织活力。

价值增值潜能存在于企业的各个经营环节中，但最重要的潜能则在于价值创造的主体，即员工和客户。因此，一方面企业应该积极开发人力资源，让员工为企业创造更多价值；另一方面，在以客户为主导的市场中，企业必须从客户需求出发，为下游客户提供更优质的服务体验，以获得更多盈利的机会。

✧ 人才是企业最大的资源

日本经营之神松下幸之助曾说过，企业即人，企业最大的资产就是人。人才之于企业，就如同水之于生命。在任何一个时代，人都是企业的生存之本、发展之基。在这个以价值为竞争核心的时代，员工作为价值创造的主体，即为企业获得价值增值的一个重要潜能。

得人才者兴，失人才者衰。人才，决定着国家的综合竞争力，亦决定着企业的成败。在企业经营中，优质的人才资源能够为企业的经济发展提供坚实的后盾。无论哪个企业，要想获得持续的价值增值，一跃成为行业翘楚，首先要开发人力资源、发掘人才潜能。

以手机行业为例，随着手机更新迭代的速度越来越快，很多手机生产企业在时代的洪流中一蹶不振，而华为却因为一贯坚守“做产品之前先育人”的原则，因而从做交换机起步的小企业迅速成长为一个世界 500 强企业。据华为发布的 2018 年上半年财报，华为上半年销售额达到了 3257 亿元，营业利润率达到 14%。

自创立以来，华为始终秉持“人才资本增值优先于财务资本增值”的理念，将人才视为企业获得长久发展的关键要素。任正非曾说：“要用人所长，不求全责备，不拘一格降人才。华为要创造条件使优秀人才和专家快速成长，让天下英雄尽入吾彀中。”为此，在创业初期，华为就采取了“掠夺式”的策略，从各个高校中广泛招纳技术人才扩充自己的人才梯队。

在广泛吸纳人才的同时，华为还注册成立了华为大学，以此来进一步培养员工的价值创造能力。华为大学是华为优秀人才的摇篮，为员工提供了众多培训课程，如文化培训、上岗培训、专业技能培训等。在华为大学里，并没有专职讲师，而是让最优秀的员工来培训员工，让最优秀的人培养更优秀的人。

华为的成功归根结底就是造就人才的成功。在任正非看来，员工如同能够打败狮子的群狼，增强“群狼”的战斗力是企业实现价值增值的关键。通过不断招纳人才、培养人才，员工的价值创造力得到了进一步激发，华为也因此获得了增值的机会。

人是企业最大的资源，人才资源匮乏将严重制约企业的发展。如今的商业竞争更多的是人才与人才的竞争，企业的价值增值能力也取决于是否拥有最优秀的人才。面向未来，如何充分发掘人力资源的价值增值潜能是每个企业管理者都应该思考的问题。

✧ 客户是企业最大的支撑

当今社会，工业经济已经进入后期，中国经济正在步入体验经济时代。所谓体验经济，就是企业以服务为舞台、以商品为道具、以客户为核心而创造出的一系列经济活动，并且无形的服务所创造出的体验是令客户难忘的、值得客户回忆的。

体验经济时代，客户逐渐由被动变为主动，由主动变为互动。相较于物资匮乏的商品经济时代，如今市场上的产品极度丰富，消费结构不断升级，客户也有了更高的要求，他们更注重服务体验，而非产品本身。因此，在未来的商业竞争中，服务本身也成为企业实现价值增值的一个重要潜能。需要注意的是，服务下游客户主要包括两个方面：一是企业为客户提供的购买产品之后的售后服务；二是企业直接为客户提供的产品化服务。

一方面，销售产品仅仅是企业获得利润的途径之一，而售后服务同样具有延续性的销售作用。客户在购买产品之后，还需要不断对产品进行维修保养、更换零部件、更新升级等。一般而言，企业通过售后服务获得的收入往往比直接销售产品获得的收入还要多。因此，无论是制造业还是服务业，售后服务都是重中之重。每一次优质的售后服务都为企业带来了更多的收益，同时也赢得了更多客户的信赖，从而再次激发客户的购买欲，形成良性循环。

“销售就是服务”，企业必须不断提高售后服务水平，为客户提供最佳的消费体验。为此，企业必须做到这四点：一是保证信息获取渠道畅通；二是规范客户问题的处理方法；三是确保每个客户都有专人负责；四是做好客户资料收集工作及客户问题分析工作。有远见的企业必定将为客户提供最优质的服务体验视为工作中的重中之重，因而其更能够得到客户的信赖。

另一方面，作为价值增值的重要潜能，服务本身亦可以实现产品化。服务产品化即改变服务的生产方式，像生产产品一样生产服务，实现规范化，然后根据一般产品的交易原则将服务呈现给客户。服务产品化让服务有了专业化的标准，使其质量得到了提升，因而能够进一步激发客户的购买意愿。

例如，为了更好地服务下游客户，新希望六和公司将服务产品化，把大量销售人员转型成为技术服务专家。根据养殖户的真实需求，新希望六和不再只是单纯地为养殖户提供饲料产品，更重要的是为养殖户提供养殖、市场、防疫和食品安全等方面的专业讲解，帮助养殖户提高产量、提高品质、增加收益。这是体验经济时代的要求，服务本身已经成为关键性的增值部分。

体验经济时代，消费成为经济增长的主要引擎。为客户提供满足需求的产品，刺激消费端才能实现企业的经济增长。在新的商业环境下，企业价值很大一部分是通过服务下游客户来获得的，而有价值的服务则来源于对客户需求的深刻认知。企业要想实现价值增值，关键是要从市场需求出发，全方位提高服务质量。

当今社会，利润区正从产品转移到产品引发的下游活动中。随着市场竞争越来越激烈，人才与服务已经成为企业实现价值增值的重要潜能，是企业立足市场的关键。因此，企业必须改变价值获取机制，不断挖掘价值增值潜能，积极开发人力资源、服务下游客户，如此才能抓住机遇向利润区转移。

第二部分

价值之路，发展之基

第五章
未来出路：企业要以价值为本

在经济发展新常态的大背景下，中国经济进入转型关键期，正在寻求新的经济增长点。本章将面对推动经济发展的主力军——中小企业的多样化发展需求，全面解析企业发展过程中商业模式与价值链的内在关系。

第一节 企业需要以价值创造市场

市场环境时刻都在发生变化，“低成本、大市场”的时代已经过去，中国企业家正在面临的是一个“高成本、小市场”的时代。如今，决定企业未来的是企业应对变化的能力和价值创造能力。企业要想获得生存，就必须要考虑如何获得市场价值，如此才能实现自身价值，并为社会贡献价值，成为一个有意义、有灵魂的企业。

“持续地创造价值”，即为多变环境中的不变之道。

✧ 无价值，不商业

过去人们常常以“体量大小”来判断一家企业的影响力，而如今取而代之的则是价值创造能力。放眼当下，有所成就的企业无不是依靠价值创造来占领市场、改变生活、影响世界。

在这个以价值取胜的时代，有核心价值的企业才是一个“有血、有肉、有灵魂”的企业。不管是国外的亚马逊、Uber，还是国内的阿里巴巴、腾讯、百度……它们提供的产品和服务不仅为企业自身带来了可观收益，同时也改变了人们的生活，给人们带来了更多的全新体验。

亚马逊的 Kindle 电子阅读器优化了人们的阅读体验；Uber 的打车服务使人们的出行更为便捷；阿里巴巴的电商平台使人们足不出户就可以买到自己喜欢的商品；腾讯的社交软件使人们能够无障碍地进行情感交流；百度帮助人们更便捷地搜集各式各样的知识和信息。可以说，这些都是通过企业的价值创造来实现的。

价值是企业发展之基，没有价值的企业必然要遭受衰落之痛，最终被消费者所抛弃。例如，一度被称为“中国亚马逊”的当当网虽然在成立之初抓住了图书电商这个风口，风光无限，但其创始人李国庆始终推行保守策略，忽视了价值创造的重要性，因而不过几年光景便被京东等新电商赶超。又如，曾经风靡一时的化妆品限时特卖商城聚美优品，虽然曾因创始人陈欧的个人品牌效应以及护肤产品的多样化俘获了大批女性用户的芳心，但随着化妆品销售平台越来越多，竞争环境越来越激烈，不重视价值创造的聚美优品最终被其他互联网企业收购。尤其是在 2018 年的 3 月，北京市消协官网显示，北京市消协 2017 年在聚美优品购买 12 种比较试验样品，其中有 7 种不达标，不达标率为 58.3%，这对聚美优品来讲更是“雪上加霜”。

企业创造价值，并依托价值在市场上争得一席之地。在过去的卖方市场，拥有高市场占有率的企业往往能够获得较高的回报。而在如今的买方市场，拥有价值创造能力的企业才能占领市场高地，获得更多利润。随着利润区的转移，企业要想保持盈利，就要摒弃旧的商业模式，走价值之路。

以价值创造市场不仅是大企业的经营之道，亦是中小企业的生存之理。改革开放以来，国内中小企业的数量与日俱增，但能够长期存活的却很少。究其原因，中小企业往往存在技术落后、人才缺乏、资金不足等痛点，难以与大型企业分庭抗礼。在这种情形下，很多中小企业都陷入了盲目争夺市场份额的低价竞争中，有些中小企业甚至不惜将价格降到了无利可图的水平。然而，低价竞争必然是以牺牲质量为代价的，殊不知，“以低价取胜、以数量取胜”本身就是“一条死胡同”，选择这条道路的中小企业终归会走向衰败。

面对这些痛点，中小企业的新出路又在哪里？中小企业虽然自身存在很多短板，但“小而灵活”亦是其最大的优势，中小企业可以凭借自身优势进行转型升级，走专精制胜的价值之路。在时代的洪流中，每个中小企业都要对自己有一个清晰的价值定位，找准自己的核心价值所在，并持续地进行价值创造。

✧ 中小企业的生存之道

以“技术创新、个性化消费、差异化竞争”为主要特征的经济新常态已悄然而至，重视顾客、重视创新的价值型企业才能代表商业发展的未来。在激烈的市场竞争中，中小企业要想获得长远发展，“走得稳”比“走得快”更为重要，而“走得稳”的关键就在于不断地进行价值创造。当面向未来的时候，中小企业真正要做的就是回归到价值本身上来，回归到价值创造上来。

在传统的认知结构中，大多数企业认为依靠产品和规模赢得市场占有率，利润就会随之而来。然而，以产品为中心的时代已经过去，如今市场的主动权更多地掌握在客户手里。面对追求个性化、高品质的客户，以客户为核心进行价值创造才是中小企业的生存之道。那么，中小企业该如何踏上价值之路，为客户创造更多价值呢？

中小企业生存的关键就是打响品牌之战。如今的市场中，很多企业在产品研发、服务方式、营销模式等方面的同质化现象十分严重。而中小企业想要谋求发展，就要积极塑造属于自己的品牌，走差异化道路。品牌塑造要求企业生产性能稳定的产品，让顾客能够放心地购买；要对产品进行有效的宣传，以信誉赢得顾客；要对产品进行更新换代，以“新奇”留住顾客。

在打响品牌战的同时，中小企业还要全面了解顾客，重视顾客体验。顾客价值是企业价值的基础，只有了解顾客需求，企业才能生产出符合消费者心理要求的产品、为顾客提供更优质的体验。

另外，企业还要重视员工的价值创造作用。员工是企业最大的资产。企业要想以价值取胜，仅仅依靠塑造品牌、为顾客创造价值是不够的，还必须重视员工在企业价值创造中的主体作用，实行人性化管理。人性化管理要求企业要以人为本、尊重员工，要用“福利”点燃员工的激情，以信任和授权强化员工的责任感，从而使员工能够更加积极主动地为企业创造价值。

如今，客户处于商业领域的核心地位，盲目追求市场占有率的传统商业模式已然不符合时代发展的潮流。对客户来讲最重要的是什么？利润从何而来？如何以价值为依托获得市场占有率？这些是每个中小企业当下应该思考的问题。

企业仅仅依靠规模和数量无法保持领先，而拥有顾客才能真正领先。若不重视顾客价值，不走价值创造之路，只是一味地追求规模与数量，那么从“规模之强”到“规模之殇”的戏剧性转变迟早会上演，企业也必将承受不可承受之重。

“东方欲晓，莫道君行早”，能够抓住转型机遇的企业，才能获得“涅槃重生”的机会。尽管成长为价值型企业的道路充满荆棘和坎坷，但既然选择了远方，便只顾风雨兼程。

第二节 新模式下企业的三个转变

随着全球经济的高速发展，以产品制造为核心的传统商业模式已经过时，当今企业面临的关键问题是如何提高价值创造能力。在新模式下，一些企业敢于突破自我，积极地完成了从制造向创造、从代工向创新、从价格向价值的转变，因而繁华依旧。

✧ 从制造到创造

曾经，国内的劳动力市场价格低廉、数量庞大，企业也以从事制造业为主，因而我国一直被冠以“制造大国”之名。然而随着市场竞争越来越激烈，仅仅依靠“制造大国”的身份，企业必然无法在全球市场中立足。无论是大企业还是中小企业，从制造到创造、从价格到价值的转变都势在必行。

经过数十年的发展，国内的一些企业和行业已经率先完成了从制造到创造的转变。异军突起的社交电商、无处不在的移动支付、飞速发展的共享经济……每一个被创造的新产品和新模式都有着不可替代的社会价值。企业需要不断地通过价值创造，塑造自己的品牌形象，改变人们的生活。

在这个充满发展机遇的时代，不断地进行价值创造是企业突破发展瓶颈、实现华丽转身的关键。要想在激烈的竞争中谋求生存，企业就必须迈入“创造”的行列，并积极地付诸实践。例如，中国服装品牌的领导者——波司登，就一直在创造之路上进行着积极的探索。

2018 年 7 月 18 日，波司登携手中央电视台“国家品牌计划”发布会在北京的水立方举行。发布会现场，波司登公布了企业的全新品牌标识、品牌广告和终端店铺形象，并上演了一场精彩的羽绒服“Show”。另外，波司登执行董事芮劲松还在发布会上郑重宣布：2018 年，波司登会聚焦核心资源，回归羽绒服主业，以此来激活广大消费者对其“羽绒服专家”的认知；未来 3 年，波司登将围绕竞争战略的阶段目标，全面激活品牌、升级系统、发力创新，以赢得核心主流用户的认可。波司登此次的战略调整可谓是“二次创业”。

在世界新一轮科技革命和产业革命的冲击下，服装制造业正在发生着巨大的变革。尽管服装市场整体形势并不明朗，但波司登始终坚持以价值创造为核心，致力于从制造转变为创造，研发出更多品质优良的新产品。基于此，波司登在产品、渠道、传播等层面不断升级，将互联网、大数据、人工智能等技术与自身进行了深度融合，对自己的品牌形象进行了再塑造。

从制造走向创造，从国内走向国际，波司登在羽绒服行业深耕 42 年，凭借精良的品质终于成为一张含金量十足的“中国名片”。波司登在展现自己品牌地位的同时，也向世界彰显了中国品牌的自豪感。

由制造向创造转变是企业提高核心竞争力的必由之路，尤其是中小企业更应该赶上创新的浪潮，乘风破浪，勇往直前。一个能够独立创造的企业必然是一个敢于打破常规、推陈出新的企业，只有这样的企业才能得到持续的成长，获得持续的价值。

✧ 从代工到创新

21 世纪初，凭借着丰富的人力资源、自然资源，中国发展为世界上规模最大的制造业大国，因而被称为“世界工厂”。由于受到技术的制约，当时中国的大多数企业都以代工生产为主，并因此迅速成长起来。

然而，代工生产是以过度消耗资源为代价的，另外随着劳动力成本的不断上升，在新的经济环境下，这种低水平的增长方式已经无法支撑中国企业的发展。如果一味地死守代工，企业必将面临破产的风险，如深圳最早一批从事电子制造业务的中天信公司因产品跟不上更新速度而倒闭，曾是华为、中兴一级供货商的深圳明星企业福昌集团因忽视创新而破产。在新形势下，企业要想生存，就需要寻找一种新的发展方式，即自主创新。

当发展的机遇到来，中小企业更应该抓住时机进行转变，只有这样才能不被社会淘汰。打造自己的品牌便是中小企业实行转变的第一步战略。为此，中小企业需要制订出一套完美的品牌营销策略。在打造自主品牌的同时，中小企业还应该建设一支研发队伍，提升自己的设计和开发能力，打造出有竞争力的产品。

任何一个企业的转型升级都要依靠自主创新来完成。以制鞋产业为例，从莆田制鞋业的创新实践中，中小企业就可以窥见到自己从代工向创新转变的方法和必要性。

莆田制鞋业始于20世纪80年代初，起初主要负责耐克、阿迪达斯、安踏等国内外中高端品牌的代工生产，并因此而迅速崛起。但随着代工生产企业的增多和市场消费结构的变化，莆田制鞋业开始遭遇订单时有时无的窘境。面对残酷的现实，以代工生产为主的莆田制鞋业意识到：只有不断创新，努力打造核心竞争产品，才能获得生存。

从贴牌代工转为研发设计，这是莆田制鞋业转型的第一步。为了获得持续的价值增长，莆田市华林工业园区的郭氏鞋业率先投资进行研发设计。同时，同一园区内的新路公司也成立了一支研发团队，并建立了一家国际化检测实验室。对于这些创新实践，莆田市鞋业协会会长陈文彪说："以前代工企业坐等订单，如今有了过硬技术与研发团队，代工企业就有了选择订单的权力和议价的话语权。"致力于产品研发和创新后，莆田制鞋业完成了由代工到自主品牌建设的华丽蜕变，实现了从利润到价值的观念转变，告别了"看人脸色"的日子。

如今，企业拥有无限的创新机遇。在激烈的市场竞争下，中小企业必须积极打造自主品牌，勇于创新升级，如此才能以破竹之势为自己开辟出广阔的市场。从代工到创新，从世界工厂到创新强国，我国企业通过不断地进行价值创新，重新定义了市场，缩小了中国与世界的差距。

✧ 从价格到价值

过去，中国整体消费水平较为低下，大众消费心理尚不成熟，因而消费者往往偏好廉价商品。同时，中国传统企业在资金、技术、人才等要素上一直都处于弱势，很难打造出核心品牌，因此产品同质化现象十分严重。在这种情形下，一些企业无视价格战的危害，企图用低价竞争的方式抢占市场份额，为自己谋得生存。然而在硝烟弥漫的价格战中，无论是大企业还是中小企业，谁都无法全身而退。

通过打价格战，一些企业虽然暂时获得了营业额的增长，但价格战是以牺牲利润为代价的，这种方式无异于竭泽而渔。企业若长期进行低价竞争，利润就会减少，相应地在产品研发方面的投入也会减少，因此产品质量就得不到保证，如此一来，企业只会陷入恶性循环。例如，在 20 世纪 80 年代，诸多的彩电制造企业就是因低价竞争而陆续倒闭。

经济在不断发展，消费水平在不断提高。因此，在新形势下，企业若仍企图以低价竞争取胜，而不重视价值创造，那么势必将以失败告终。相较于价格战，价值战更应该成为每个企业选择的新的商业模式。价值战比拼的是实力与技术，企业只有通过价值战才能获得长远发展。那么，在激烈的市场竞争中企业要如何打好这场战役呢?

如今，高度竞争的市场已经将客户推向了商业领域的核心地位，市场主动权自然而言地掌握在客户手中。因此，以客户为核心进行价值创新是企业在价值战中取胜的关键。只有持续地进行价值创造，不断地为客户贡献价值，企业才能获得长久生存。

例如，在家电领域，作为全球大型家电品牌，海尔走的始终都是以价值创新谋发展的价值之路。在海尔看来，产品本身不是体现价格的，而是体现企业价值追求的。因此，在格力和美的的价格战打得热火朝天之时，海尔坚持以客户价值为核心，采用当下最新潮的创新科技方式，打造出了一整套智能健康家电，为客户带来了全新的智能化生活体验，如海尔馨厨冰箱的智能食材管理功能可以实时监控食材新鲜度。海尔在为客户创造价值的同时，其品牌影响力也在不断地提升。

在新的经济秩序中，以低价竞争来获取市场占有率的方式已然弊端丛生，很多企业都陷入了无利润区。殊不知，盲目追求市场占有率正是导致其无利可图的主要原因。如今，只有通过价值创造抢占市场高地才能使企业盈利。

无论价格战打得多么激烈，最终都将是黄粱一梦。不管是现在还是未来，企业的核心竞争力始终都是价值创新。无论在哪个行业，价格战必然不能帮助企业获得长远的利益，唯有价值才是衡量企业影响力的标准，才是企业立足市场的关键。

随着经济的高速发展，产业结构在不断地转型升级，企业若固守旧模式必将消失于无形。面对残酷的现实，完成从制造向创造、从代工向创新、从价格向价值的转变是企业的必然选择。企业只有不断地进行价值创新，打造核心竞争力，才能迎来未来。

第三节　价值破蛹成蝶的三个阶段

市场格局在不断变化，互联网对传统企业的颠覆之势也越来越强大。彼得·德鲁克曾说："无人能够左右变化，唯有走在变化之前。在动荡不定的时期，变化就是准则。"处于不断变化的时代中，颠覆、转型、升级即为价值破蛹成蝶的三个阶段，是企业获得重生的重要路径。

✧ 颠覆自我，破解困局

2008 年，中国乳业经历了一场巨大的浩劫，三鹿、伊利、圣元等国内知名乳制品品牌皆泥足深陷，遭遇了前所未有的信任危机。祸不单行，随着跨境电商的兴起，乳制品进口渠道也变得更加多元化，因此中国市场迅速被国外品牌占领。中国乳业一时被阴霾笼罩。

经过多年深耕，中国乳业终于又迎来了发展的"新希望"。2016 年 9 月，新希望乳业成为全国首家通过中国优质乳工程验收的乳企，"新希望雪兰"的产品质量 100% 达到了优质乳标准，开启了中国优质乳的新时代。

那么，面对困局，许多大企业尚无抵抗之力，新希望乳业作为行业的新兵为何能破解困局，一步步成为优质乳工程的领路人呢？

由于市场份额的缩小和消费者的不信任，新希望乳业也曾连年亏损，一度处于破产的边缘，这让新希望乳业 CEO 席刚产生了强烈的危机感。他意识到：在这个动荡的时期，企业要想破解困局，就必须敢于颠覆自我。因此，为了掌握市场主动权，席刚带领新希望乳业毅然决然地走上了颠覆传统之路。

在渠道上，为了重拾消费者信心，新希望乳业以价值占领市场高地，颠覆了传统销售渠道，积极拥抱互联网，与顺丰合作推出了互联网牛奶“云牧场”。在传统产业结构中，消费者和企业之间很难进行对话，彼此之间有很强的距离感。与传统乳业销售模式不同的是，“云牧场”是利用新电商模式 + 社群创新玩法而启动超级人际传播的一种社交工具，打破了消费者和企业之间的屏障。

在产品上，新希望乳业摆脱了同质化的红海，积极打造核心竞争产品，推行“鲜战略”。一是在品类上更加新鲜化，致力于打造一款“人无我有”的新鲜乳制品；二是在品质上更加优质化，让消费者喝上更优质的好牛奶；三是在体验上更加个性化，满足消费者对乳制品的个性化需要。

诚然，颠覆之路并非坦途，充满机遇的同时也充斥着危险。但是，既然要蜕变，就必须承受破茧的阵痛。在动荡的时期，很多风靡一时的企业都纷纷倒闭，一波又一波没有颠覆自我的企业由繁华走向衰落，而敢于颠覆自我的新希望乳业如今却依然显示出强大的生命力。从成立之初的资不抵债，到如今优质乳工程的领路人，新希望乳业之所以能够成功蜕变，原因就在于对旧模式的颠覆。

盈利能力是当今企业面临的首要问题，而提高盈利能力的关键就在于颠覆自我、勇于创新。如今，无利润区无处不在，很多不敢颠覆自我的企业都陷入了这样的经济黑洞中，不仅得不到分文回报，甚至陷入了资不抵债的境地。而那些敢于颠覆传统、突破自我的企业则获得了持续的价值增长。

✧ 因时而变，加速转型

随着互联网大潮席卷而来，传统企业的发展举步维艰。在互联网时代，传统经济终将被互联网经济替代，企业要么被颠覆，要么自我颠覆。基于对互联网的敏锐观察，席刚认为：“传统产业必须跟互联网连接，在坚持做优质产品的同时，利用互联网优势进行革新。这就是不会被颠覆的新机会。”

如今，我国各大乳企早已加快触网步伐，作为敢于颠覆自我的乳企，新希望乳业也逐步脱离了传统乳企的禁锢，积极向以客户为中心的智能制造乳企转型。在转型道路上，有的乳企以“低价格、高质量”谋求逆袭；有的乳企依托“存量优势、美誉度优势”加快与互联网融合。因此，新希望乳业要想转型成功，同样需要积极探索新模式。

抢占渠道、布局终端是新希望乳业转型的关键一步。新希望乳业依托互联网大数据积极拓展电商渠道，建立了一个以乳制品为聚合点的交易平台。消费者在新希望乳业电商平台下单后，线下门店“鲜奶屋”将在 2 小时内对产品进行配送。通过布局终端，新希望乳业实现了“新鲜”直供。

为了进一步加快触网步伐，新希望乳业还通过建立社群来实现与粉丝的互动。通过搭建去中心化的平台，新希望乳业实现了与消费者的多向度平等交流，实现了与粉丝的众创众享。同时，企业对消费者的生活方式也有了更深入的了解，以实现反向定制，重塑价值。另外，为了优化消费者体验，新希望乳业还孵化创新了“牛奶钱包”，为消费者打造了一个“新鲜到家”的在线订奶模式。

因时而变、加速转型是企业应对市场变化最有效的方法。通过积极转型，企业不仅可以为客户创造更多价值，同时也可以获得更多的价值回报。在过去以产品为中心的时代，企业往往被传统的价值获取方式束缚。转型之后，企业则能够以“蓝海战略”开创新的市场空间，不断发掘未来价值增长的潜力。

转型之于企业，正如水之于生命。企业转型并不是一个阶段性任务，而是一个长期的、持续的过程。为了迎合互联网时代的要求，新希望乳业积极触网，致力于转型为一个乳制品智能制造企业，但这一转型只是一个新起点，以转型促升级任重而道远。

✧ 顺势而为，创新升级

近年来，随着“健康中国”战略的实施，国内消费结构不断升级，同时也催生了国内乳业对产品和价值的重塑。在新的消费背景下，以新希望乳业为代表的中国乳业顺势而为，完成了乳制品从安全到品质的升级。

作为“鲜战略”的倡导者，“新鲜化、优质化、个性化”是新希望乳业对自己提出的要求。在新时代下，新希望乳业坚持“聚低温、讲新鲜、向高端”的产品策略，对产品结构和销售模式进行不断升级，摆脱了同质化的“红海”，实现了差异化经营。

在产品端，新希望乳业完成了从安全到品质的升级。在乳制品行业，安全往往决定着乳企的成败。创立至今，新希望乳业始终坚持“可控奶源”的经营战略，在核心经营城市周边建立牧场，从源头上控制了奶源质量。另外，新希望乳业还开放了“优质乳透明工厂”，实现了可视化经营，进一步增强了消费者的信心。

在保证“安全”的基础上，新希望乳业深挖产品品质，以匠心打造国产优质乳。通过联合众多营养专家进行精心研究，新希望乳业在国内陆续推出了“24 小时巴氏鲜牛乳”“初心酸奶”“城市记忆系列酸奶”“活润系列酸奶”等高品质产品，完成了从“安全奶”到“优质奶”的升级。

在销售端，新希望乳业完成了从传统营销到场景化营销的升级。在互联网时代，除了品质过硬，营销也是企业实现自我价值的重要环节。成功的营销不仅能为顾客带来价值，也能为企业创造高收益。2017 年，随着场景化营销爆发之年的到来，新希望乳业在这一年也积极开启了场景布局。

如今，客户成为商业的核心，企业开启场景布局亦是客户思维的体现。而用客户思维来经营企业就必须要超越商业领域，围绕人及人的需求展开。因此，为了进一步向妈妈们传递优质乳的营养健康理念，新希望乳业针对妈妈们的认知场景，邀请了母婴领域专家在各大社交平台上开展了一场关于“优质乳活性营养”的大讨论，妈妈们从中主动接受了很多育儿经验，同时也在场景中轻松获取了产品认知。

在消费结构变化、产品同质化、竞争日益加剧等因素的影响下，企业利润率往往呈下降趋势。但是，对于积极进行创新升级的企业而言，利润率不仅不会降低，反而会在不断升级中平稳增长，从而使企业实现持续增值。

每一次的时代更迭都伴随着巨大的颠覆力量，企业若故步自封，不主动颠覆、转型、升级，势必无法破解困局，终将被时代颠覆。在新时代下，颠覆自我、加速转型、创新升级是企业掌握市场主动权的关键。

第四节　价值不断放大的三大理念

在全新的商业环境下，从宏观层面上重构商业模式、创造企业价值已经成为许多企业的经营共识。那么在产品极其丰富、交互极其频繁的今天，企业更需要明确价值供需之间关系，从产品品牌化、资源重构和市值裂变三个层面发力，最终打造价值型企业。

✧ 产品品牌化

品牌是企业最宝贵的无形资产，它是企业经营历程中的经验凝聚和认知沉淀，是企业文化和企业价值观的外在表现，更是吸引客户、提升客户忠诚度的重要渠道，因此建立适合企业生存和后续发展的品牌战略尤为重要。

观察企业打造品牌过程中的经营活动就会发现，无论国内还是国外，产品类企业积累品牌价值往往比服务类企业更加困难，企业从产品到品牌的价值转换比从服务到品牌的价值转换也更具挑战性。那么企业应当如何正确处理产品和品牌的关系，实现产品品牌化呢?

企业必须清楚地认识到：产品决定品牌的价值选择，品牌价值则要通过产品展现。如果产品特性与品牌内涵不统一，企业是很难在客户的心中积累价值的。产品可以根据市场需求的变化不断更新，但品牌价值的内核要始终如一，产品也要一直承载品牌的价值，这样顾客才能在一系列的产品迭代中保持对企业品牌价值的统一认知。

世界上品牌价值占企业估值比例最高的就是可口可乐，其品牌价值占据企业股价的 60%。以碳酸饮料为主要产品、以品牌包装持续输出文化价值、以快乐为核心品牌文化的可口可乐将品牌价值最大化，获得了巨大的商业成功，也成为几代人的记忆符号。苹果公司从一个默默无闻的小型科技企业到全球品牌价值排行榜上名列前茅，就是依靠极简的产品体系最大程度地丰富品牌内涵，突出品牌特色。同时，品牌的巨大影响力放大了企业价值，苹果公司股价连续稳健上升，已经成为全球首家市值破万亿美元的科技企业。

可口可乐和苹果公司的成功之路让人们认识到品牌对于企业价值的巨大影响，产品品牌化也成为所有企业的长期经营战略。企业品牌知名度直接关系着企业的销售成绩，大企业可以借助雄厚的财力、物力进行铺天盖地的广告宣传攻势，通过建立品牌优势来刺激和吸引消费者。中小企业资金实力有限，如何在塑造品牌中充分利用有限的资源是其发展壮大的关键。

提升终端表现力。消费者对于中小企业品牌的初始印象和直观判断都是基于产品终端的，因此企业要想在消费环节给顾客留下良好的品牌形象，必须要在终端表现力上重点突破。企业需要保持良好的产品能见度，增加产品曝光度，潜移默化叠加消费者的产品印象。同时还要保持整洁有序的终端陈列，陈列的美观度直接关系着顾客对品牌的原始印象。最后，企业还要着力提高终端销售人员的职业素质，根据品牌的不同定位建立不同的销售风格。

合理布局广告投放结构。在广告投放上中小企业没有巨头企业“一掷千金”的魄力，所以更需要灵活变换广告投放方式，以提升广告转化率为核心指标。在线下，企业可以采用低成本的纸质广告大量投放，向消费者塑造企业基本形象；在线上，企业可以辅以多种媒体方式精准投放，如在微信定向投放广告，锁定企业目标客户，强化顾客品牌印象，提升广告转化率。

建立亲和的公众形象。具备一定的品牌知名度之后，如何进一步提升品牌美誉度增加客户对品牌的好感和认知也是企业需要思考的问题。充分利用当地市场的热点新闻和大众关注的事件，通过赞助和参加公益等公关活动可以有效吸引公众注意力，用良好的公众形象带动品牌印象。

在未来不断变化的商业环境里，如何最大限度地将产品品牌化，放大企业价值，从而保证企业获得长期稳健的根本性利益，始终是企业应该持续思考的问题。

✧ 资源重构

在飘忽不定的顾客需求面前，即使许多已经占据了一定市场份额、拥有了大批忠实顾客的行业巨头，也仍然要面对价值增长的难题。而对于中小企业而言，它们往往不具备巨量资金和庞大资源，如何有效重构资源、建立价值快速增长机制，成为企业必须面对的一项挑战。

企业最大化资源配置有两种思路：一是将企业资源的价值洼地转移到价值高地。企业经营的直接目标就是获取利润，与其在价值洼地苦苦挣扎，不如以大局眼光从长远层面主动出击合理配置资源。二是集合市场需求将产业、人力、技术、市场等企业资源多个构成要素重新优化配置，重新定义企业核心竞争力，获取固有资源配置无法体现的竞争新优势。

创立于 2017 年 11 月的 luckin coffee，凭借病毒式增长的用户成为中国新零售咖啡的典型代表，引发了业界对其资源配置方法论的多重思考。10 个月开店 1300 家，luckin coffee 快速扩张的秘密究竟是什么？

门店销售与新零售概念结合。传统咖啡门店成本高、用户转化率和利润率低，销售往往会陷入同质化竞争，缺乏市场营销能力和渠道设计能力，企业存活率不高。luckin coffee 不仅仅是门店咖啡，更是融合了基于大数据算法的新零售咖啡模式。如何让顾客选择和接受第一杯咖啡很关键，luckin coffee 选用顾客补贴的方式：注册即可免费领取一杯咖啡。如果你推荐朋友成为新顾客，还能再次享受免费优惠。这种客户裂变和引流方式帮助 luckin coffee 提高了留存率，在快速提高门店销售额的同时也缩短了盈利周期。

用户资源整合，勾勒用户画像。luckin coffee 快速将自有门店打造成为周边销量第一，靠的就是对用户画像的精准勾勒。在前期门店测试阶段，luckin coffee 就对用户资源进行了充分调研。基于原有的大数据分析和现实营业情况，对顾客的购买频次、复购率以及价格接受区间不断探索，在此基础上还不断收集多种价格组合和不同促销手段的营收反馈情况。正是这些详尽的前期数据分析为之后顾客的快速裂变提供了基础。

打造社交关系链，掌控市场资源。luckin coffee 运用新零售概念和数据算法运营能够有效减少管理成本和场景成本，加快流量裂变速度。同时还能运用节省的成本采购品质更高的咖啡豆、选用更好的咖啡机、聘用更好的咖啡师，用更好的产品品质和更高的性价比吸引客户，与客户建立信任关系，打造社交关系链。当企业的用户流量到达特定量级时，企业对市场资源的占领也就水到渠成了。

从 luckin coffee 的资源优化配置就可以看出企业放大价值的必然趋势，即通过资源的重构与优化，企业能够解析顾客关系并构建关系链，快速实现引流和变现。

✧ 市值裂变

在互联网时代，每天都会诞生商业奇迹。2012 年一个不足 20 人的团队创立了社交平台 Instagram，在短短的两年间迅猛发展，成为资本争相追逐的对象，并最终以 10 亿美元现金加股票方式被 Facebook 收购。

在互联网上半场，一个企业往往需要花费 5~10 年时间才能成长为独角兽。而在互联网下半场，资本已经从“跑马圈地”转为“精耕细作”，资本结构优化后市值裂变对其企业价值增长推动速度加快。

拼多多从上线到上市仅用了 3 年，市值突破 300 亿美元，一跃成为与阿里巴巴和京东比肩的电商新贵。趣头条从上线到上市仅用了 2 年，上市后市值倍增，成为中国市场上最受瞩目的今日头条的挑战者。拼多多和趣头条抓住了发展机遇，成为资本的掘金者，成功实现市值裂变和价值倍增。

评估企业价值的时候，无论企业规模大小，往往会从企业资产、市值和市场三个层面多项分析。哪怕企业还未上市，投资机构也会将企业估值作为衡量企业价值的砝码之一。当下中国进入资本寒冬，资本逐步回归理性，企业融资普遍受阻。企业的市值晋升之路似乎越发艰难，但是这依旧是资本运作的时代，是市值为王的时代，企业寻求市值裂变的目标和方向不变。

在当下融资渠道收窄的资本环境中，企业更应该提升自身硬实力，储存市值裂变的内部无形资本，在技术创新、品牌塑造、资源重构等方面不断提升企业竞争力。同时，积极拓宽外部融资渠道，加强市值管理，形成外部力量和内部实力的合力，平稳度过资本凛冬。

成为价值型企业是一个漫长而艰辛的过程，需要企业持之不懈地创造价值，也需要企业灵活应变，通过产品品牌化、资源重构以及市值裂变不断放大价值，以达到价值增长的最终目的。

第六章
模式之变：聚焦价值创新

中国移动互联网从无到有、由弱变强，历经20多年的更迭换代后，已经进入到了全面发展期。互联网环境的急速变化成为中国经济发展的催化剂，企业的创业周期、产品的生长周期被大大缩短，这对企业而言既是挑战，又是机遇。

彼得·德鲁克说："当今企业之间的竞争，不是产品之争，而是商业模式之争。"在移动互联网下的激烈市场竞争中，不断革新的商业模式已经成为企业实现倍速发展的加速器。企业重构商业模式需要聚焦价值创新，而价值创新贯穿于企业经营活动的每一个环节，这就要求企业在技术、渠道、管理及资本层面整合内部资源，吸引外部合作生态，这样才能打通产业价值链，实现企业价值最大化。

第一节　价值创新是企业的第一驱动力

在世界经济的第三次梯度转移中，中国经济转型也随之不断深化。通过打造物联网基础设施和协同共享机制，中国在重构世界经济新格局中占得先机。而中国企业作为国家发展的载体和动力，正在被时代裹挟着向前不断发展。

如今的市场环境复杂多变而充满挑战、多元共存而充满活力。被动等待毫无生机，主动布局才是制胜之道，市场格局已经颠覆了原有的商业模式，企业实现价值创新刻不容缓。

✧ 聚力创新，破冰前行

在过去几十年里，中国企业曾经一度凭借丰富的劳动力资源和成本优势闯进世界市场，成为世界经济增长的引擎。但是，如今中国的人口红利消失的拐点已经出现，低价战略优势被东南亚国家抢夺。外部竞争环境的不断变化挤压着中国企业的生存空间，世界范围内的技术革新更是不断对中国企业提出新的挑战，中国企业急需破局之道。

价值创新是企业生存和发展的必经之路，也是企业实现价值增长、获取新的竞争优势、开拓新的利润空间的必然选择。企业要改变传统的竞争战略逻辑，将经营战略主导转移到价值创新上来。

企业价值创新是企业转型的驱动力，一旦企业转型成功、价值实现增长，企业就会获得价值驱动能力，并在后续发展中持续进行价值创新，最终将价值创新内化成企业发展战略的一部分。价值创新驱动企业转型主要是在技术创新、渠道创新、管理创新以及资本创新 4 个环节中，企业要在这 4 个互相联动的环节中不断创造价值、传递价值、支持价值和获取价值。

在技术创新方面，要注重求新求变，紧跟前沿科技，创造出有竞争力和差异化的产品，永不停止对产品和服务的完美追求，不断满足并引领顾客的消费需求。

在渠道创新方面，应当建立社群扩宽渠道，借助大数据分析顾客行为与特征，精准推送营销信息，让营销活动更能投顾客所好。

在管理创新方面，应完善、精简制度流程，组织管理从管控转向协同，激励各层次人才的创新能力。

在资本创新方面，要提高资本运营效率、增加资本流动性，借助资本杠杆扩大企业优势、加快企业扩张步伐。

移动互联网时代下的不确定性已成常态，无论是互联网企业还是传统企业，都要正视自身发展现状，实现稳中求变。

企业的“变”是指要在内部营造创新氛围，同时结合外部市场环境寻找实现价值创新的突破点，打通企业价值链，完成企业转型升级。

价值创新是企业的破局之道，除了在技术创新、渠道创新、管理创新和资本创新过程中建立系统的价值创新规则，企业还要打破固有思维定势，进行多维思考，通过开放的心态实现企业的不断成长和发展。

打破边界。企业不仅仅是行为上要突破过往的业务范围，还要在思想上延伸原有的经营战略。价值创新既重“创”，也求“新”。因此，适当跳出经营舒适区，是主动为经营战略赋予新内涵、寻找新的经营业务、寻求长远发展、持续建立竞争优势的必然选择。

集思广益。管理层是企业话语权的掌控者，他们往往有着坚定的经营理念，但也容易固化企业内部阶层。我们既需要核心领导人强基固本，也需要普通员工的集思广益，在外部市场对企业构成威胁之前实现转型。思想的力量是无穷的，往往一个不经意的想法就能迅速开拓出新的利润区。

开放包容。仅仅集思广益是不够的，我们还要为各种思想营造出开放包容的场景。打造个性的办公布局、开辟创意墙、建立头脑风暴空间，等等。

裂变成长。价值创新的最终目的是促进企业成长，但是这种成长并非是等量成长，而是创新驱动下的裂变成长，这应当成为移动互联网时代下企业发展的新形态。

梳理商业模式，企业才能在转型过程中发现痛点；建立全局思维，企业才能依托价值创新实现价值增长、成功转型升级。基业长青的企业无疑适应了不断变化的市场环境，在潮流中顺势而为，在不断的价值创新中逐渐从同质化竞争中脱离出来，成长为一个充满价值意识的全新企业。

✧ 开创蓝海，角逐市场

W. 钱·金和勒妮·莫博涅在《蓝海战略：超越产业竞争、开创全新市场》一书中指出，“蓝海”代表尚未开发的行业或未知的市场空间。蓝海战略的理念就是要摆脱同质化竞争、打破传统行业边界，通过差异化和成本领先为顾客创造全新价值，从而开拓出新的市场空间。

价值创新是蓝海战略的基石。企业可以凭借价值创新发现新的市场领域，脱离竞争的恶性循环，获取更快的增长和更高的利润，实现企业良性发展。企业要想步入市场的蓝海，突破口就是要从关注竞争对手转向关注拥有潜在需求的顾客群体，借助价值创新占领经营战略的制高点。

转变观念就是实施蓝海战略的第一步。企业不必执着于成为现有行业的第一，而应该摆脱思维定势，摆脱当前激烈竞争，以顾客需求为导向创造新的市场，寻找价值创新的突破点，成为全新市场中的唯一。

遵循合理的战略顺序是实施蓝海战略的第二步。过去企业将同行业的竞争放在第一位，但是如今价值创新更多的是建立在顾客、企业和社会互利共赢的基础上的。相比同行竞争，身处蓝海市场的企业更注重于供给方和需求方的关系。蓝海战略所提供的价值创新对需求方是效用价值创新，对供给方则是成本价值创新。当创新与效用、成本与价值相结合时，企业与顾客的价值都将得以提升。

超越现有需求是实施蓝海战略的第三步。企业不应该仅仅满足于迎合顾客的消费需求，更应该提供超越顾客期待的产品与服务，这样才能掌握市场主动权和话语权。

价值创新是企业开创蓝海、打破现有竞争模式的新途径，而这必须建立在企业要提供全新的产品与服务、降低竞争成本之上，这需要企业学会创造生存空间。对于中国企业来说，过往的低成本战略优势逐渐式微，在激烈的国际市场开发顾客潜在价值、建立新的竞争优势迫在眉睫。通过价值创新可以开拓一个全新的产业，也可以通过整合现有产业中的细分市场进而开创出新市场空间，因此企业基于价值创新的转型势在必行。

纵观腾讯、阿里巴巴、华为、大疆这几家极具活力的中国企业，它们都是蓝海战略的成功代表。这些企业都取得了几何级的业绩增长，拥有独特的人才主张和完备的人才储备战略。它们兼得差异化和成本领先，通过不断的价值创新逐渐提升利润能力，而不是在几近饱和的市场中一味竞争厮杀和复制传统模式。

实际上，和已经在现有市场占据一席之地的大企业相比，中小企业更适合蓝海战略。通过价值创新中小企业可以寻找新的定位，越过不必要的竞争，快速打入市场，实现企业的轻盈转型和稳健发展。

不断变化的市场见证了企业的兴衰史，没有一成不变的经营策略，也没有一劳永逸的商业模式。因此，企业要不断优化升级商业模式，动态应用蓝海战略，坚持价值创新，实现价值增长。

第二节　技术创新，创造价值

当今影响市场成长速度、决定企业发展前景的核心要素就是技术。如今掌握市场话语权的企业无一不是站在科技的前沿，在数字技术、人工智能技术、互联网技术和物联网技术方面各有所长。这些企业通过凝结群体智慧、集合环境资源，不断通过进行技术创新达到价值创造和价值增长的目的。

✧ 技术赋能，开拓未来

穷则变，变则通，通则久。从古至今，技术革新一直都是时代发展的序曲，技术创新也是企业价值创新的首要环节，是企业获取高额垄断利润和规模经济收益的秘密武器。相比于企业具体的产品与服务带来的现有经济收益，技术创新能力构筑的企业核心竞争力更适合企业长远发展的客观需要。

观察商业模式的演进过程就能发现，企业要想通过商业模式的创新提升资源效用，就必须以基础设施的创新为前提。这是因为基础设施直接决定了一个企业的发展上限，而基础设施水平的突破点就在技术。

技术创新曾经引领传统产业实现转型升级，如今技术创新也在与互联网的融合过程中迸发出更大的市场活力。移动互联网时代，在技术上故步自封者将很快被市场淹没，主动创新者将会迎来新的发展机遇，实现华丽转身。

技术创新对于企业生存和发展的重要性不言而喻，颠覆性的技术创新甚至能够在短时间内引发大规模的行业洗牌。曾经数码相机产业仅用二十几年就取代了拥有百年历史的胶卷相机产业。随后被当作通信工具的手机装载摄像头后，数码相机市场又被迅速压缩。之后以苹果公司为代表的智能手机横空出世，传统手机巨头又在技术冲击下接连溃败。

老牌企业无奈没落、新兴企业快速崛起的变迁背后，是技术创新产业不断转型升级的结果。产品与服务固然是企业之基，但是依托技术创新带来的企业价值增长能够从根本上增强企业在市场上的竞争地位。市场环境多变，从企业的长远发展来看，利用技术创新提高产品科技含量、建立技术壁垒才是企业创造价值、提升胜率的有效途径。

企业在技术创新中占据主体地位，然而从“制造”到“智造”的转变并非一朝一夕就能实现。从商业模式下价值链的演进过程来看，企业需要通过价值创新不断提高资源利用效率、完善基础设施，只有这样才能逐步提高企业核心竞争力。而这一切的关键点就在于技术，如果能够实现技术创新，就能打通企业价值链，使企业发展迈入新的阶段。

✧ 技术为本，占领高地

科技引领时代变革，技术成就企业。从 18 世纪中叶到 19 世纪的 100 多年间，西方国家工厂内轰鸣的蒸汽机引领了第一次工业革命；19 世纪末到 20 世纪初，以电力为代表的科学技术革命实现了生产力的飞跃和制造企业的二次生长；20 世纪 70 年代的信息革命兴起，互联网核心技术掀起现代企业变革。

工业革命见证了近300年间企业的兴衰史，激荡百年里技术创新才是企业安身立命之本。在新时代下，企业更要重视技术引发产业变革的重要性，这一点从近几年通信业的发展现状就可见一斑。

正如管理大师拉姆·查兰所言："仅仅适应变化远远不够，当下胜利属于那些创造变革的领导者。"从2G时代到4G时代的世界通信领域，高通始终占据绝对的影响力，甚至主导了行业标准的建立。在技术垄断下，全球智能手机厂商都要和高通签订授权合约，每年仅从全球厂商身上收取权利金都能为高通贡献超过79亿美元的净利。强悍的技术实力赋予高通绝对的市场话语权，在通信业，高通似乎已经成为一座无法逾越的高山。

4G商用已有5年之久，在可以预见的未来里，5G通信技术会成为经济新增长的重要驱动力，再加上智能互联社会的构建趋势逐渐清晰，行业内追求沉浸式体验和万物互联场景构建使得运营商对通信技术提出了更高更大的需求，5G技术已是通信业必争之地。但是面对高通这个一贯领先的通信业巨头，华为却始终没有放弃挑战。

华为早在4G刚刚实现商用之际就对高通发起了挑战，在当时华为就已经认识到5G研发技术的极大可能性，并经过分析和思考后果断地开始了艰难的创新之路。2013年华为聘请了300多名全球顶级无线领域专家，并投入6亿美元研发资金，之后几年里华为不断投入巨额研发资金，持续攻坚技术难题，2017年的研发投入就高达40亿元。

目前，华为已经在中国多个城市和世界各地建立研究中心。

在近两年5G关键技术验证中，华为的技术指标全面领先，创下了多项业界纪录，打破了高通的技术垄断和欧美国家的技术封锁。华为能在5G的研发之路中成功领跑，正是得益于华为对于行业前瞻性的预测和坚决的技术变革之心。面对即将到来的5G时代，华为已经率先抢占了技术高地，成为首批阵营中的佼佼者。

用技术追求卓越，用价值引领未来。企业要学会掌握市场动态发展规律，将所处环境中的各种资源集合到价值创造的方向上，再凝结成更广泛的群体智慧，利用科技的强助力推动企业更高水平的协同发展，最终以技术创新带动价值创新。

✧ 技术驱动，开拓市场

过去，鲜有中国科技企业能在某一领域形成巨大的全球影响力，而大疆做到了。这家来自深圳本土的无人机制造厂商正是全球飞行影像的开拓者，从成立到现在，大疆只用了 10 年左右的时间就成长为无人机行业最大的独角兽，占据了全球 70% 的市场份额。

大疆的成长路径与其他依靠资本补贴快速占领市场的互联网企业截然不同，从企业前期融资到中期产品销售，大疆始终靠的是自身远超过行业平均技术的硬实力，技术创新对一个企业发展的驱动力在大疆身上得到了淋漓尽致的体现。

在市场经济新形势下，不仅仅是大疆，主动布局、推进技术创新是所有企业生存发展的必然选择。拥有有限规模体量的中小企业抗风险能力较低，更需要改变重营销、轻研发的固有观念，培养高素质的人才，加强技术研发管理，不断开发潜在关联市场，这是企业能否延续生命的关键所在。那么大疆的创新之路又能为中小企业提供哪些思路呢？

重视人力资源创新。人才是技术创新的基础，开发员工价值是实现企业科技创新的原动力，从事工程开发工作的员工占据近一半比重造就了大疆特有的工程师文化。大疆自主的 RoboMasters 项目经过几年的发展壮大，已经成为中国最具影响力的机器人项目，这一平台也成为大疆重要的人才储备库。

完善科技创新项目成长机制，加速成果转化。在过往企业失去创新精神后走向衰退的前车之鉴下，大疆依靠多年的技术积累和内部创新机制不断迸发活力。大疆已经建立了无人机产品金字塔，未来对于行业解决方案的开发将会为大疆提供更多可能。

发挥技术创新的扩散效应。大疆在不断基于无人机核心技术创新的同时，细分消费级产品和专业级产品，不断开发农业、能源、公共安全和建筑领域的行业应用，利用扩散效应打造行业级应用市场。在企业科技研发过程中，核心技术能够在其他产品和产业中逐渐扩散和渗透，促进不同产品市场空间的开发，通过连锁创新实现收益倍增，实现价值增长。

时代呼唤创新，发展需要技术。企业的技术创新能力直接影响着企业的市场份额、利润来源和长期发展。中国企业要想摆脱代工宿命或摆脱依赖制造能力存活就要勇于创新，敢于突破，在残酷的市场竞争下未雨绸缪，借助技术创新掌握发展主动权，实现企业价值增长。

第三节　渠道创新，传递价值

渠道对企业的作用早已不仅仅是产品销售，更是企业整合行业资源、撬动市场的法宝，重视渠道创新已成为企业成功的重要条件。但是，无论是按消费者特征开发渠道、按付费者需求设计渠道还是依托成本控制和增值服务完善渠道，都需要寻找企业和顾客之间的利润交汇点，通过渠道创新传递企业价值。

✧ 渠道设计，吐故纳新

结合行业发展趋势来看，如今产品同质化严重，企业单凭产品的自身优势获得绝对的竞争优势的经营行为在急速变化的互联网时代已经寸步难行。整合营销传播理论创始人、美国西北大学教授唐·舒尔茨就曾指出：在产品同质化的背景下，唯有“渠道”和“传播”能产生差异化的竞争优势。

在信息化、数字化和大数据背景下，企业逐渐从传统线下销售转至线上销售，时代与技术的推动为渠道创新撬动市场提供了更多的可能性，也带来更大的风险。越来越多的企业在频繁的精细化营销运作下竭尽所能地追逐流量和曝光，却逐渐陷入人海战术的泥潭，最终和居高不下的营销费用形成鲜明对比的是企业波澜不惊的销售曲线。

动态市场下企业需要什么样的渠道？如何建立适合企业发展的渠道体系？其实企业不仅仅要追随时代风口，更要将目光转向市场不断变化的消费结构。许多企业往往专注于对营销渠道的管理和运作，却没有意识到消费者需求的重要性，也没有基于消费者的反馈与诉求建立优化或创新渠道，许多企业甚至不了解消费者的购买习惯。

企业忽视了最重要的顾客，渠道创新能力不足，只能徒增渠道管理费用。诸多企业疲于追随市场热点，殊不知寻求优质客户才是企业打通营销渠道的根基，优质客户才是企业创新渠道的源泉。

企业对于顾客价值重视程度的变化其实也正见证了营销学概念的演变。20 世纪 60 年代，美国密歇根州州立大学教授杰罗姆·麦卡锡提出的 4P 理论（Product——产品、Price——价格、Place——渠道、Promotion——推广）标志着企业营销活动开始向消费者靠拢。20 世纪 90 年代美国营销学者罗伯特·劳特彭教授提出的 4C 营销理论（Customer——消费者、Cost——成本、Convenience——便利、Communication——沟通）彻底宣告了以消费者为中心的时代来临。

但是大数据时代已经到来，如今顾客价值在新时代表现出新的特征，传统的营销概念已经不适于如今企业的营销活动了，企业需要更具前瞻性的理论。美国西北大学整合营销传播教授唐·舒尔茨提出了营销 SIVA（Solutions——解决问题的方案、Information——解决方案相关的信息、Values——评估各种解决方案的价值、Acces——解决问题的渠道）理论，即企业的营销人员不再主导消费行为，将制订营销方案的权力移交给消费者，顾客的身份由被动转为主动，企业则变成了消费信息的接受者和呼应者。

在 SIVA 系统中，企业突破传统的线性营销系统，改为基于消费者需求驱动的网状体系。企业的一切营销活动都以消费者为中心，为消费者提供方案、寻找信息、评估价值、构建渠道，有针对性地开展营销活动。

在 SIVA 理论的指导下，企业应当认识到科技正助推市场环境变革和市场细分，如今的消费者逐渐趋于理性，更加注重与产品衍生出的品牌价值的情感共鸣。企业是否拥有满足多样客户需求的能力决定着企业能否通过渠道创新提升终端掌控力，并最终赢得客户资源。消费者需求在时代背景下正逐渐呈现出新的形态，这也直接影响着商品流通中各个环节的不断变化，成为企业渠道创新的巨大助推力。

✧ 渠道边界，惊人一跃

企业如果想要保持持续的领先，需要做出卓绝的努力、坚定的转型，还要与变化融合在一起。现代零售业的发展历程正是中国企业形态变革和渠道更新的缩影，零售业最先受到互联网发展的冲击，却也是渠道创新的率先受益者。

如今零售业的拐点已然到来，就如同 20 世纪 90 年代超市业态对传统业态的替代，乃是时代趋势所需。线下零售和线上零售在市场的磨炼下逐渐臻于成熟稳定，如今的互联网时代正是新零售生长的最佳土壤，而阿里巴巴无疑是最具前瞻性的那一个。

2012 年，阿里巴巴开始和银泰百货开展线上线下联动，然而彼时线上零售风头正劲，并未取得明显成效。随后，阿里巴巴通过不断摸索，将生鲜市场作为市场切入点，成功孵化出盒马鲜生，打造出“新零售”这一概念，并迅速成为风口大热下资本追捧的新型零售渠道。

大数据驱动、线下体验的复合模式的盒马鲜生，经历了经验累积和认知深化，已经成为探索零售未来模式的风向标。

近几年，传统电商由于移动互联网终端大范围普及所带来的用户增长以及流量红利正逐渐萎缩，传统电商所面临的增长“瓶颈”开始显现。线上销售模式下的流量红利即将见顶，电商已经触摸到了发展的“天花板”。对于零售业而言，只有变革才有出路。

阿里巴巴选择生鲜市场自然是看到了巨大的市场潜力。4万亿元市场的背后是生鲜领域内庞大消费者高频又刚需的消费潜力，但是线上销售在生鲜这一品类的渗透率还不到3%。依托大数据技术，阿里巴巴正在为国内生鲜行业注入新的生命力。

这个集生鲜超市、便利店、餐饮店和配送站为一体的电商品牌正是新型业态的具体表现，这种落户线下门店，辐射周围生活半径，借助强大数据技术能力优化产品供应链的“思维一体”的零售场景正是盒马鲜生快速扩张的秘诀。

盒马鲜生这种新型的运营模式自然承担了外界对于其盈利能力的关注。经历了前期的试错和磨合，盒马鲜生的运营渠道模式逐渐明晰，并得到完善，实现盈利的周期也大大缩短。按照2018年底增至100家地面店的计划，盒马鲜生即将进入全面规模化盈利期。

那么在如此亮眼的成绩下盒马鲜生究竟在哪些方面做出了努力?

最大程度缩减中间环节，控制成本。盒马鲜生的价格普遍低于传统菜场，这源于减去所有中间环节。在中间链条中节省成本，既能给消费者带来价格优惠，同时还能保证企业在低成本下利润最大化地可持续运作。即使面临生鲜行业因保质期短、运输易损耗而产生无法避免的高损耗，盒马鲜生也能利用大数据分析按需供应，尽量减少生鲜品积压，有效降低损耗。

更加精准的目标群体定位。盒马鲜生依托由大数据驱动的精准推送服务提供优于过往零售企业的用户体验，同时，对商品需求多样的“80后”“90后”目标客户，盒马鲜生更是实时更新商品结构，智能理解消费者不断变化的诉求，商品的上架速度全网领先。线上线下实时联动，这正是盒马鲜生更具有用户黏性、线上转化率更高的原因所在。

区域市场内精耕细作。把门店作为前置仓，保障了线上和线下生鲜品质相同，让用户“所见即所得”。将线上线下打通，通过多渠道营销和支付交易手段，并通过独特的悬挂链系统优化物流模式，智能优化物流路线，提升采购、加工、烹饪以及配送等环节的智能供应和运输效率，为以门店为中心的3千米范围内的线上用户提供30分钟无偿送达的智能物流体验。

这种以消费者体验为核心、以数据为驱动的泛零售形态正是盒马鲜生做出的渠道创新。未来将是SoLoMo时代，社会化（Social）、本地化（Local）、移动化（Mobile）三者缺一不可。时代更迭，如今企业间的竞争正面临产品趋同和品牌泛化的艰难局面，只有打通营销渠道，赋能客户体验，才能打通企业价值链，实现企业利润增长和价值提升。

第四节　管理创新，支持价值

“互联网 +”是互联网思维下催生并演进的互联网新业态，互联网与各行各业的深度融合不但将顾客价值重新定义，而且逐渐成为企业组织管理变革的强大动力。构建符合时代发展趋势的组织成为企业管理创新的方向，企业积极探索未来组织模式，才能为企业价值创造提供长久支持。

✧ 和衷共济，命运一体

万物互联时代，企业竞争加剧、行业边界模糊，即使企业在目前的组织结构下经营状况良好，但如果不摆脱组织惯性积极创新管理，依旧存在被淘汰的可能。

企业求新求变固然是时代所趋，但是环境的不确定性对企业组织的协作性提出了更高的要求，以往封闭、垂直的组织管理模式已经无法有效地为企业价值增长提供支持。未来的管理需要企业领导者能够协调各组织之间合作与竞争的关系，不断激发组织活力，增强组织凝聚力，构建上下一心的命运共同体。

北京大学教授陈春花提出了未来的理想企业模式——共生型，这是一种基于顾客价值创造和跨领域价值网的高效合作企业组织形态，所形成的网络成员之间互为主体、资源共通、价值共创、利润共享，进而创造出单个组织无法实现的高水平发展。

透过“共生型”这一概念，或许能够窥得未来企业管理创新的道路。这种高效的组织合作形态对组织变革方向、把握不确定性的领导力以及人才的管理与培养提出了更高的要求，而这就要建立在企业内部上下达成共同的价值主张和发展愿景的基础之上，没有共同的价值主张和发展愿景就无法真正实现价值共创、实现价值增值。

所以，企业不仅要在组织内部达成共识，而且要在组织外部树立开放包容的氛围，这样才能顺利实现组织变革。变革后的全新组织形态才能有效调动企业内外部资源，及时进行市场信息的沟通与整合，对外部环境变化迅速、灵活地做出反应，持续企业的竞争优势。

灵活而富有创造性的组织，能够在更广阔的视野下、更频繁的协作里以及更开放的格局中获得多方面的成长。时代不仅仅对企业领导力提出新的要求，同时还需要将管理创新的关键因素由内部引向外部，未来的组织将面临更多的外部协作与互动。内外部共同创新管理，这才是企业基于全局的利益追求。

✧ 组织优化，价值放大

30 年前跻身《财富》前 10 强的企业如今已有近三分之一被淘汰出局。这些企业规模体量十分庞大，有的企业不断散发活力，长盛不衰，有的企业却步履艰难，被时代甩在身后，这其中的一个重要影响因素就是企业是否建立了适应时代变革的管理机制。

对今天的企业而言，开放结构是极为重要的组织管理要求。不断创新管理新模式，挖掘管理新内涵，更是企业面对未知的商业环境所做的第一手准备。许多企业规模体量增大的同时，内部却表现出机构臃肿、效率走低、活力下降的不良态势，这也正是令许多管理者苦恼的“大企业病”。其实不只是大型企业，许多初具规模的中小企业也同样面临这样的棘手情况。

不仅仅是企业内部组织僵化，企业外部也同样面临着压力。纵观目前全行业线上销售趋势，互联网技术带来的流量红利已经触摸到了天花板。在电商增速整体放缓的状况下，从单一品牌阶段到多品牌阶段，再到互联网品牌孵化平台，再到如今的互联网品牌生态系统，韩都衣舍战略调整的背后，是组织管理模式的快速变革。

作为天猫全品类第一品牌、粉丝收藏超过 1500 万、女装累积销量总冠军的韩都衣舍，依托以小组制为核心的单品全能运营体系突破服装业务增长的瓶颈，进而利用其强大的品牌塑造能力打造平台，构建品牌生态系统，开拓出利润蓝海，建立了独特的运营体系。为韩都衣舍引领行业发展方向、实现营销利润增长、孵化新型商业模式提供支持与动力的，正是其大刀阔斧的组织管理变革。

韩都衣舍将企业的产品研发、采购、销售以及行政部门全部打散，将过往的科层制转变成小组制。每个小组只有 3 个人，一个做产品研发，一个做线上销售，还有一个做产品管理。在管理结构精简化、扁平化的同时，给予小组最大程度的经营自主权，合理制定销售目标，驱动销售增长。这种兼具理性与活力的小组运营体系能够更好地反馈市场行情，组织灵活联动，实现业务增长。

管理创新的目的就是让员工能够从组织内部获取平台和机会，让领导者引导员工从胜任工作到创造价值，再从个体能力到集合智慧，逐步开拓员工价值，挖掘市场潜力。那么，基于对韩都衣舍商业模式的分析，企业又该如何建立高效的组织体系呢？

首先，重新梳理组织架构。在企业组织内部塑造共同的愿景与使命，在员工个人价值观和企业价值观上达成共识，这样才能实现企业的良好协作。在企业外部，要重视顾客价值对于企业业务的影响作用，打造能够灵活应对市场需求变化的有效组织。

其次，优化流程，合理赋权员工。僵化的流程、制度和组织架构只会限制员工个体的潜力发挥，更遑论要发挥组织协作的作用了。因此适当地将组织管理从垂直式转变为扁平式能够有效减少不必要的业务流程，提升组织运作效率，同时企业管理层也要适度放权，建立容错机制，充分发挥管理创新的作用。

再次，合理建立利益机制。经济利益是企业与员工关系的基础，企业与员工是双向选择的关系。员工利益和组织利益只有达成一致才能形成合力，为此，企业应当建立详尽的绩效考核制度和人才激励制度，刺激员工主动为企业拼搏奋斗。

最后，培养企业文化。企业文化的培养包括企业的使命、愿景和价值观。这些都要以企业的经营实践为基石。只有将前几步做好了，企业才能真正建立企业文化。如果前面的步骤没有落实，一味强调文化，只能建立虚假的组织文化，反而可能会掩盖团队将来会出现的问题，不利于企业发展。

世界上大部分的创新其实都是固有事物的重组，然而只有理解事物的本质才能深度变革。在组织这个整体中，流程可以调整，结构可以重组，但最重要的是企业要深度认知管理创新对于企业价值创造的支柱作用。

第五节　资本创新，获取价值

当一个企业达到一定的规模之后，就会与资本不可避免地产生联系。如何借助资本打造产品服务之外的盈利模式，是企业价值提升的一条捷径，也是企业塑造新优势的最佳选择。如何成为融资市场上的佼佼者，挖掘资本的最大价值已经成为企业家们的必修课。

✧ 创新资本，打通价值路径

有企业的地方就有资本，企业对资本有着先天的依赖性。创新资本，就是企业在现有商业规则下，利用资本来获取新的利润增长点，打通价值路径，实现价值倍增。

在中国的经济大背景下，企业已经进入到资本运作的时代，在资本助推下成长出一个又一个独角兽企业。拼团网、人工智能、共享单车、新零售……这些新的时代风口在资本的运作下开辟出新的市场，也造就了多个千万市值的企业。

但是，资本既是企业发展的助推器，也是企业破产的操盘手。

近几年新零售、区块链、AI、共享经济以及知识付费这五大商业热点成为创业者追逐的方向，也成为资本倾斜的热点领域。但是在资本的热捧下能够实现持续发展，建立成熟商业模式的企业却寥寥无几。更多是一知半解的企业经营者，用速成的商业计划书和华而不实的 PPT 将企业包装起来，吸引资本获取短期的成功，但是资本天然的逐利性很快就能识破这种“科技骗局”，抽身而出，只留下一众因资金链断裂而快速崩盘的企业。

资本市场风起云涌，创业企业此消彼长，行业角逐此起彼伏，资本搅动了市场，也助推了企业更迭。尽管资本世界变幻莫测、迷雾重重，但是资本始终是利益的追逐者。打铁还需自身硬，在连接资本与企业的市场中，只有建立了核心竞争力、拥有远大发展潜力的企业，才能真正吸引资本的注意。而对于企业家来说，资本就是企业借以撬动转型的支点，资本运作的最大意义就是为企业增值，助力企业攀登财富高峰。

资本迷局下如何真正发挥资本创新的巨大作用，聚合庞大商业力量，打通价值路径，还需要企业通过技术创新、渠道创新以及管理创新建立核心竞争力。只有在这样的前提下才能学会把握资本方向，并借助资本力量成功实现转型升级，走出价值洼地，迈入高利润区，实现企业价值的提升。

✧ 资本驱动，实现价值倍增

资本正在创造出一个个创业神话，企业借助资本的力量烧钱补贴、“跑马圈地”，一旦企业联合资本机构形成利益共振，成功上市，企业就能够在短时间内集合庞大资本能量，将企业推向一个更高的发展阶段。

互联网时代下，企业竞争的重点已经不是传统企业所追求的利润流和现金流，而是全行业内市场份额的抢占能力。毫无疑问，“互联网 +”为许多懂得借势而起的企业开辟了广阔的蓝海，成功激活了中国的投融资市场。在未来的资本大战中，资本越多，就有越多的话语权。而上市，能够令企业具备如同风暴一般的筹集资金能力。

2018年9月20日，美团正式在香港交易所挂牌上市，历时8年的“千团大战”最终拉下帷幕，资本驱使下对市场份额的抢占正是这场战争的焦点。

2010年，团购模式一经出现，迅速成为企业家们不约而同的创业方向，在资本的疯狂注入下，到2011年拥有团购模式的企业一度增长至5000多家，历经一轮轮的融资竞赛后，一众企业很快在残酷的市场抢夺战、价格保卫战之后纷纷陷入资金链断裂的困境，大批企业无奈破产或转型。

作为从“千团大战”中杀出来的一只独角兽——美团，其创始人王兴曾说：“如今互联网企业边界逐渐模糊，在资本的运作下，现有企业随时都可能被谁也不知道的新事物所冲击。”事实也正如王兴所言，就在所有的人都认为现有的线上流量都被阿里巴巴和京东把持着的时候，拼多多横空出世，以势如破竹的姿态跻身于两大中国电商巨头之中。

拼多多背后资本的作用无处不在。从成立到上市，拼多多只用了3年时间。拼多多的快速成长再次印证了在资本力量下一个企业野蛮生长的过程。正是因为成功抓住了底层变量，拼多多将网购这一消费行为向阿里巴巴和京东还未涉及的中国更广阔的地域扩散，开拓出了新的利润空间。

从拼多多上市前的A轮到D轮融资，4次入股拼多多的高榕资本正是看中了拼多多能够在电商平台的红海中抓住边缘客户的创新能力，才为拼多多的快速扩张提供了充足的资金和渠道资源。随后，腾讯的加入更是为拼多多将微信所拥有的庞大流量引流至自身平台提供了强有力的支持。不断借助动态社交体验为拼团这一“消费惠普”行为创造了高性价比的消费场景，拼多多由此实现了由用户吸引到用户裂变的转变，并被誉为新电商开创者。

可见，企业要想崛起就要善用资本。借助资本的力量在最短的时间内完成市场扩张，占据行业前沿地位，这些都要建立在企业拥有资本的基础之上。从创业投资到企业发展再到上市阶段都需要融资，而我国中小企业面临的最大问题就是融资难。在激烈的市场竞争中，谁能解决融资渠道问题，谁就能获得快速发展的强大力量。

美团与拼多多的增值之道让人们看到资本的强大力量。但是，并非所有的企业都能引领时代风口，打造下一个创业热点方向，也并非所有的创业项目都能够得到资本的追逐，融资渠道受限、融资困难才是中小企业普遍面临的困境。那么对于中小企业来说如何更好地吸引资本、利用资本呢？

除了民间借贷、内部集资和亲友借贷这几种基本形式，对于处于初创期的中小企业来说，可以借助天使基金及政府资助进行创业研发；对于起步阶段的企业来说，可以进行私募股权融资，扩大融资；对于初具规模和体量的企业来说，最普遍的方式就是获取商业银行的贷款支持，或者通过创业板市场上市融资。无论通过哪种形式融资，企业都要注意不要陷入短视收益的思维误区，只有将企业经营目标立足于长远收益上，企业才能稳步实现价值增长。

即使目前企业进入资本寒冬期，但在中小企业融资困难的背后，实质上正是资本狂热后的理性归位。在注重互联网影响力的“互联网 +”时代，产品与服务只不过是企业的外在表现，最核心的还是企业的内在因素，更多的还是考验企业经营者对市场环境与企业的自我深度认知和企业价值创造的能力。

第七章
杠杆之优：塑造竞争力

面对庞大市场变幻莫测的未来，“战略”“模式”“转型”“执行”……这些词汇牢牢地牵动着企业的注意力。新概念不停地被提出，但是背后的最终指向其实都是一致的，即如何在市场上获取最大化的商业价值，这是每个企业必须思考的。

普拉哈拉德说，“注重发展的核心竞争力将最符合市场的规律”，具有核心竞争力的企业更具商业价值。对此，本章从学习、成本、创新、速度四个杠杆出发，逐一为企业阐述如何塑造竞争力，获取成长的时间和空间，从而实现商业价值的最大化。

第一节 用学习换机遇

学习是一种能力，它能让发展滞后的国家迅速崛起，走在时代前列；它能让平凡的个人充满力量，在人群之中脱颖而出。对一个企业来说，学习可以让其把握住时代的发展机遇，塑造强大的竞争力。

用学习换机遇，以获取发展机会，此为企业塑造竞争力的杠杆之一。

✧ 全新时代，机遇迭生

随着云计算、人工智能、5G、区块链等技术的日趋成熟，当前经济的发展势能越来越强大，发展空间越来越广阔。从人人互联到万物互联，从传统出租车到网约车，从现金结账到移动支付，从私人共有到全民共享，从到店消费到线上消费……经济正从“传统”走向“现代”，机遇更是一次次展现在企业面前。

机遇固然摆在眼前，但是并非所有的企业都可以获得成功。在出行领域，势头迅猛的优步在滴滴出行的强硬冲击下只坚持了 30 个月；在支付领域，各大银行的 App 用户与支付宝的庞大用户形成鲜明对比，在共享单车领域，摩拜不断扩张着城市版图，酷骑单车、小鸣单车等却不温不火，甚至走向了倒闭；在购物领域，天猫不停地刷新着消费纪录，而同是购物网站的凡客却只是昙花一现。

同样的市场环境与机遇，为何得到的却是截然不同的结果呢？下面我们以优步为例，阐述企业应如何把握机遇。优步是外企，对中国市场的了解并不透彻，更糟糕的是，它也并没有向成熟的中国企业学习。没有学习，外企就难以本土化。例如，优步最为用户和司机所诟病的便是其自始至终没有客服电话，只能通过邮件进行投诉，这一点让其在中国市场十分不受欢迎。

除此之外，优步采用的是扁平化的管理结构，导致缺乏集中决策权，使得管理滞后，执行力不佳。面对中国这片陌生而充满机遇的市场，优步没有去积极学习中国市场的特征和用户的偏好，摈弃学习的它将固有的他国经验完全照搬于中国，于是碰了一鼻子灰。

如今，互联网正在与经济社会生活的方方面面进行着深度融合，新的生活方式和生产方式在不断出现，变化层出不穷，机遇更是裹挟而至。然而面对变化，有些企业选择视而不见，于是它们成了墨守成规、把头埋进土里的“鸵鸟”，它们屏蔽了变化，更屏蔽了发展的机遇。

✧ 奋力学习，置换机遇

随着生物技术的突破、人工智能的实现、万物互联的到来，未来社会的深度与广度变得不可想象。唯一可以确定的是，在未来二三十年，人类社会将发生巨大的变化。未来是一个机遇遍地的时代，那么企业又该如何把握呢？

答案是学习。

2018 年是中国实行改革开放的第四十个年头。宏观上，在这 40 年间中国经济取得了一系列成功，经济总量更是跃居世界第二。微观上，中国企业更是取得了傲人的成绩，曾蜗居于居民楼的阿里巴巴如今已是世界上最优秀的电商平台，曾经靠着2万多块钱在“烂棚棚”里诞生的华为如今已是全球通信领域领导性品牌世界三强之一。中国企业以迅猛的速度成长着，它们以学习换取来一个个发展机遇。同时，它们的学习不是盲目、随机的，而是系统、有条理的。

首先，用学习换机遇，企业可通过考察，学习、引进同行的设备和技术。改革开放初期，国内纺织业十分落后，用的设备更是西方国家淘汰了多年的陈旧设备。然而，面对供不应求的市场环境，这些陈旧设备生产出的花样古板、质量欠佳的产品依旧十分热销，因此几乎没有纺织企业愿意把钱用在设备与技术更新上，而即发集团是个例外。去日本考察的陈玉兰为发达国家先进的机器设备和强大的技术实力所震撼，于是，想进军纺织业的即发集团有预见性地购买了100台日本先进的设备，以新潮的花样、优质的质量赢得了发展的机遇。

其次，企业通过考察除了可以学习、引进同行的设备和技术外，还可以学习同行的组织和管理。优秀的组织和管理可以让企业以最少的人力和经费获得最大的成效。例如，同是通信领域的大企业，华为的管理人员比爱立信多了2万名，仅在管理费用上每年就要多出40亿美元。因此，即使如今已经取得了一定的成绩与地位，华为仍然坚定不移持续变革，全面学习西方企业的管理，以把握未来发展机遇。

再次，相比考察，合资可以让企业更深入地学习西方国家的技术、管理等。市场变幻风云莫测，机遇更是稍纵即逝，而考察的成效则过于缓慢，这个时候企业则可以通过合资，迅速习得优秀企业的优势，将机遇牢牢把握在手中。例如，在经济开放程度还不是很高的时候，即发集团超前地选择合资，获得了直接的学习渠道。之后，凭借领先的设备和技术，即发集团获得迅速赶超他人的强大竞争优势，并牢牢地把握住客户和发展机会。

最后，于企业而言影响最为深远的学习便是人才的引进。学习优秀企业的成果与经验这些只是表层，更深层的则是学习价值的创造者，即人。在这方面华为的做法可供企业参考。

“丰田的董事退休后带着一个高级团队在我们公司工作了 10 年，德国的工程研究院团队在我们公司也待了十几年，才使我们的生产过程走向了科学化、正常化。从生产几万块钱的产品开始，到现在几百亿美元、上千亿美元的生产，华为才越搞越好。我们每年要花好多亿美元的顾问费。”任正非如是说，“我们走出国门、走向全世界的时候，什么都不会，不知道什么叫交付，全是请世界各国的工程顾问公司帮助我们。第一步就是认真学习，使公司逐步走向管理规范化。”华为在学习上可谓是下了大功夫。向同行学习，学习、引进同行的设备和技术，学习同行的组织和管理。只有通过学习，企业才能取人之长，补己之短，换得发展机遇。

第二节　用成本换市场

成本是指为达到某种特定目的而耗用或放弃的资源，本质上是一种价值牺牲。产品的价值决定价格，当价格高于成本时，企业才有利可图。因此，当企业在成本上具有优势时，便拥有价格制定权，便可以通过让渡部分利润获得市场。

用成本换市场，以低价赢得消费者，此为企业塑造竞争力的杠杆之二。

✧ 市场之海，成本之势

市场上存在着两片“海域”，即蓝海与红海。所谓蓝海，指的是充满着未知的、尚待开发的市场空间；所谓红海，指的是已知的、竞争相当激烈的市场。蓝与红，毫不相同；蓝海与红海，却并没有清晰的边界。

市场特征虽然迥异，但是蓝海与红海本质上却是一样的，这是因为每一个蓝海到最后都会变成红海。例如，经过两年厮杀，共享单车已然从蓝海逐渐变成了硝烟弥漫、竞争激烈的红海。共享经济的浪潮退去后，市场看重的是企业能否通过降低成本增强自身核心竞争力，继续创造价值。

在《竞争战略》一书中，迈克尔·波特提出了著名的竞争战略理论，其中，确定总成本领先战略是三个竞争战略之一。他认为，成本领先要求积极地建立起高效规模的生产设施，在经验的基础上全力以赴地降低成本，最大限度地减少研究开发、服务、推销、广告等方面的成本费用。为了达到这些目标，有必要在管理方面高度重视成本控制。尽管质量、服务以及其他方面不容忽视，但贯穿于整个战略中的是使成本低于竞争对手。

一般来说，降低成本最直接的方式是实行规模经营，以降低单位产品的成本，在竞争中获得优势。具体来说，主要分为如下几点：

一是通过规模采购、运输和广告宣传等，提高自身议价能力，从而降低单位产品的采购成本、分销成本、推销成本、技术研发成本等；

二是提高对机器、设备和厂房等的利用效率，并提高生产效率；

三是通过业务的拓展，降低外部支出；

四是通过管理制度的变革，缩减管理费用。

以低成本打开市场局面，并打造一个市场奇迹的例子并不难寻。例如，格兰仕正是依靠规模制造与成本领先的优势，通过连续几次大降价，获得了微波炉领域的霸主地位。又如，通过积极采购，灵活配售，严控成本，沃尔玛成为全球最大连锁零售商。下面我们以春秋航空为例，阐述如何用成本换取市场。

✧ 低价出击，撬动市场

“航空”，乍一听，觉得这是超有钱的企业才有资本涉足的领域。航空是一项“烧钱”的生意，但在我国，有一家做旅游的企业却做起了航空生意，那便是春秋航空。

春秋航空以租赁的 3 架空客 A320 飞机起家，披荆斩棘，在竞争激烈的中国民航业中以低成本策略实现了业务的快速增长，引起一派惊呼。探求春秋航空成功的因素，关键便是其一直奉行的低成本运营。

首先，为达成规模效应，春秋航空只租赁 A320 机型这一种飞机，并配备统一的发动机，通过集中采购降低飞机及设备的购买和租赁成本、维修成本、管理成本，以及降低飞行员、机务人员与客舱乘务人员培训的复杂度。

其次，为提高利用率，春秋航空一方面取消了头等舱与公务舱，只设置经济舱位，在座位数上高出其他航空企业 15%~20%，有效摊薄了单位成本，另一方面通过延长时段飞行，增加日均航班班次，提升了飞机日利用率，从而降低了运营成本。

再次，为降低外部支出，春秋航空建立了专属的售票和离港系统，每年可省下上亿元的开销。

最后，为缩减管理费用，春秋航空进行了一系列制度创新。例如，通过制定节油奖励制度，将节油量与飞行员的绩效挂钩，有效降低了燃油量，每年节省的燃油费达几千万元。

在这一系列低成本运行下，春秋航空的主营业务成本比行业平均水平低 62%，管理成本低 50%，财务成本低 60%，营销成本低 78%。因此，面对市场的波动，与同行相比，春秋航空有着更多应对底气。

例如，受油价飙升影响，国内众多航空企业股价遭到重挫。据国航、南航、东航发布的 2018 年半年报，其燃油成本分别达到了 175.82 亿元、193.81 亿元、152.52 亿元，增长均超过了 25%，其盈利分别下降 0.25%、24.84%、45.84%。2018 年 10 月 2 日，中国国航、中国南方航空、中国东方航空等企业的股价纷纷大跌，仅仅一天的时间，市值就蒸发了近百亿元。

面对成本上涨，众多航空企业利润下滑，但春秋航空却依然保持增长态势。根据春秋航空发布的 2018 年半年度报告，上半年其营业收入 63.32 亿元，同比增长 25%，净利润 7.27 亿元，同比增长 31.2%

低成本有利于企业在强大的买方威胁中保卫自己，因为买方最多只能将价格压到效率居于其次的竞争对手的水平；低成本构成对强大供方威胁的防卫，因为低成本在对付供方产品涨价中具有较高的灵活性；形成低成本优势的诸多因素通常也以规模经济或成本优势的形式建立起进入壁垒；在与替代品竞争时，低成本通常使企业所处的地位比产业中其他竞争者更加有利。

其实，低成本竞争战略适用于各个行业，除了前文提到的家电、零售、航空运输，在服饰（如优衣库）、小商品（如名创优品）等行业亦十分适用。低成本的重要性不言而喻。以成本换市场，提高竞争力，这一方法应被企业重视起来。

第三节　用创新换认同

市场发展到一定程度，资本越来越集中，竞争也越来越残酷。这是一个生产过剩的时代，企业在红海之中血腥厮杀，唯有创新能让企业脱颖而出，成为时代的主角。没有创新的企业是没有希望的企业，创新是企业快速、健康发展的巨大动力，是企业竞争取胜的最佳手段。

用创新换认同，赢得广阔的市场，此为企业塑造竞争力的杠杆之三。

✧ 砥砺创新，企业之核

中国经济每一回破茧成蝶，靠的都是创新。从本质上讲，创新是促进资源充分流动的过程，有助于释放利益空间和发展空间；创新会带来生产方式和管理模式的改革，既促进传统产业改造升级，又促进现代服务业等新兴产业加快成长。

于国家而言，“只有把核心技术掌握在自己手中，才能真正掌握竞争和发展的主动权，才能从根本上保障国家经济安全、国防安全和其他安全”；于企业而言，亦是如此。企业只有掌握了核心技术才能在竞争中具有主动权，保证发展，而其中的关键便是创新。

回望过去，可以发现，一个产业、一个工业、一个行业里面往往几十年会有一次颠覆式创新。例如，2000 年是“互联网热”和“纳米热”，而今天则是“石墨烯热”。不能紧跟时代创新的企业必然会被时代所淘汰，如柯达之没落，而有效的创新则可以帮助企业降低风险。

有效的创新要能够为企业带来效益。不是所有的创新都会带来效益，而没有效益企业就会倒闭。例如，铱星电话突破了地理位置的限制，实现了全球任何一个地方都可以通话，于是摩托罗拉雄心勃勃地实行铱星上网计划，但是这一高科技并未得到用户的青睐，没有产生效益的它最后的结局只能是退出舞台。因此，不是所有的创新都适合企业发展，企业要选择那些能够赚到钱的创新。

创新不是盲目的，而是有目的的。德鲁克说过，创新是有意识的、有目的地寻求机会的结果。很多企业热衷于追逐热点与风口，它们不管那是否是自己熟悉的领域，盲目地向前冲，殊不知那样的创新有着巨大的风险，结果往往会招致失败。而有目的的创新可以使风险减少 90%，因此企业要从实际出发，有目的地进行创新。

一个时代有一个时代的精神，一个时代有一个时代的价值。创新不仅能够解放和发展生产力，还能够推动企业观念更新和价值重塑；创新不仅有助于激发企业活力，也有助于促进公平效率。当创新成为企业共同的价值认知和价值追求，当创新得到更多的尊重和社会认同，企业才会更有生机和活力。

✧ 创新驱动，重获认同

2006 年，家电和小家电行业成熟品牌众多，如美的、格力、海尔、九阳、苏泊尔等，市场基本上已被这几家企业所占领，这是一片竞争十分激烈的红海市场。但就是在这一年，小熊电器横空出世。

12 年的时间，从启动资金只有 50 万元的创始团队，小熊电器发展为年销售收入近 20 亿元的国内小家电行业领军者；从单一的酸奶机，小熊电器发展为拥有 30 余种品类、300 多款产品、300 多项国家专利。在家电巨头的夹击下，小熊电器交出了一份让人不可思议的成绩单。

小熊电器发展的秘诀是什么？小熊电器董事长李一峰的回答道出了真相："小熊的发展，源于对务实和创新的坚守。"创新，让小熊电器走进众多国人的厨房；创新，让小熊电器迅速占领市场；创新，让小熊电器成功上市。

首先，小熊电器以解决消费者痛点为出发点，创新产品。初创时期，国内的家电和小家电行业市场竞争激烈，几家成熟的品牌对市场有着绝对的控制权。这个时候，小熊电器主动跳出红海，另辟蹊径，以酸奶机开辟新的蓝海市场。

当时，国内消费者刚刚养成喝酸奶的习惯，但是由于物流配送体系尚未健全，消费者的这一需求难以得到满足。小熊电器牢牢抓住这一市场空白，历时 3 个月研发了一款符合家庭实际需要的新产品。一经上市，小熊电器就收到了 10 万台的订单，顺利进入市场。

之后，小熊电器更是围绕消费者需求不断进行创新，如多士炉、薄饼机、电热饭盒、豆芽机、养生壶等产品的研发。另外，2017 年小熊电器更是建立了用户研究与体验中心，从功能设定到容量设计，从材料选择到手柄握感，力求寻找到产品的"最优解"，最大限度地满足消费者需求。

其次，小熊电器加强与消费者之间的互动，创新营销方式。小熊电器成立之初正值中国电子商务起步阶段，从一开始，小熊电器就在电商渠道上抢占了先机，为之后的发展奠定了基础。

在品牌建设上，小熊电器不断突破自我，以创意营销深耕年轻消费群体。2017 年，小熊电器打造了数场集娱乐与社交于一体的综合美食体验，如与知名艺人黄磊合作打造了一场“非尝有趣”的童年追忆之旅，让消费者在体验中收获快乐，赢得了众多消费者的心。

此外，小熊电器加强跨界合作，增加与消费者的互动。例如，小熊电器与知乎共同打造“不知道诊所体检科”，以互动性的趣味设置吸引了众多消费者的参与。又如，小熊电器通过微博推出社交互动游戏，加强与消费者的联系，并扩大活动范围与影响。众多的营销创新，增强了小熊电器的品牌知名度与影响力，为其换来了更加广阔的市场。

最后，小熊电器坚持用产品说话，创新技术。2017 年 4 月，小熊电器联合两家专业机构打造了一条切碎机自动化生产线，使得其自动化与智能化程度在国内小家电行业走在前列。此外，小熊电器还专门投资成立实验室，通过技术创新打造质量过硬的产品，让每一个消费者放心。

据统计，2015—2017 年间，小熊电器用于产品研发的资金年均增长将近 60%，其新品研发数量更是不断提升。研发投入的增加，让小熊电器的竞争优势格外突出，其营业收入也呈持续增长态势。

2018 年上半年，小熊电器营业收入达到 9.2 亿元，净利润达 8528 万元。数据清晰地诉说着消费者对小熊电器的认同。对小熊电器来说，取得如今的成绩自始至终离不开的都是创新。小熊电器以创新聚焦消费者需求，以创新推动品牌营销，以创新提升工艺品质，打造了如今的“小家电王国”神话。

纵观小熊电器 12 年的发展，我们可以发现，企业不应被竞争牵着鼻子走，而应回归、聚焦用户，从用户价值这个根本点出发，以持续创新驱动企业的持续进化，保障企业的长期价值。

第四节　用速度换资本

这个世界已经不再是大鱼吃小鱼了，而是快鱼吃慢鱼。企业间的竞争已经不仅仅靠规模取胜，更是靠速度取胜。速度是企业价值最直接的证明，它可以为企业换来更多投资，引入更多资本，让企业市值一步一个台阶，走向良性发展的循环。

用速度换资本，在投资市场中获得青睐，此为企业塑造竞争力的杠杆之四。

✧ 速度当先，倍道而行

行驶之速，中国高铁让距离不再遥远；通信之速，8.49 亿名 4G 用户生活被颠覆；计算之速，量子计算“称霸”在望。速度让中国走在世界前列，速度让中国人的生活更美好，速度造就了中国价值和中国奇迹。

国家如此，企业亦然。次日达和当日达的物流体系，让京东跳出红海竞争，在电商中获得一席之地；远超同行的上新速度，让 HM 成为火爆全球的大众品牌；从成立到上市，拼多多只用了 3 年的时间，快速扩张让拼多多成为中国第三大电商平台。

《孙子兵法》有云："激水之疾，至于漂石者，势也。"速度使沉甸甸的石头漂在水上面，在商场，速度也造就了一个个奇迹。那么，企业高速成长的背后又是什么呢？以拼多多为例，其爆炸式增长的背后，是资本的追捧。

在成立不到 3 年的时间内，拼多多便获得了 4 轮融资，而拼多多的每一次爆发，背后都有巨大的资本在推动。资本选择拼多多，看重的正是其高速发展带来的市值潜力。据公开资料显示：2017 年，拼多多的成交总额超过千亿元，而为达到这一成绩，京东用了 10 年，唯品会用了 8 年，淘宝用了 5 年。在其他电商成交总额增速放缓的情况下，拼多多依然保持着 170% 的增长速度。

资本更关注增长率，高增速为拼多多的价值描绘了一幅真实的未来蓝图，资本青睐也就是必然的了。闪电般的发展速度，让拼多多得到了资本的支持，更让拼多多创造了一个电商奇迹。

增长使企业能够快速在市场上创造出巨大的价值，是管理者和投资者所孜孜以求的。没有增长的企业注定很难在市场生存。有一项调查显示，全世界有超过 90% 的创业企业因为无法保持高速增长而走向死亡，这是一个无比残酷的事实。因此，保持高速增长对企业来说格外重要。

速度于企业的重要性已经十分清晰了，那么企业又要如何提升发展速度呢？

一般来说，企业要想保持高速增长，有几个因素不可忽视，如图 7-1 所示。

图 7-1　企业高速成长的因素

具体如何做，下面我们以一路高歌猛进的今日头条为例，阐述高速增长的具体方法。

✧ 资本加持，速度制胜

2018 年上半年，中国移动互联网用户增长放缓，增长仅有 2 千万。在这种恶劣的环境下，今日头条却“逆流而上”，保持着每日 100 多万的新增用户。

今日头条势头迅猛，引发了互联网巨头的恐慌。BTA（百度、腾讯、阿里）开始“围剿”今日头条，诸如百度的搜索、腾讯的天天快报、阿里巴巴的 UC 头条，但是巨头的入局并没有阻止今日头条的增长。

2017 年 6 月，今日头条用户使用时长占比仅有 3.9%，而一年后这一数据达到了 10.1%，增长了 1.6 倍，并超过百度系和阿里系，稳居总时长第二名，如图 7–2 所示。

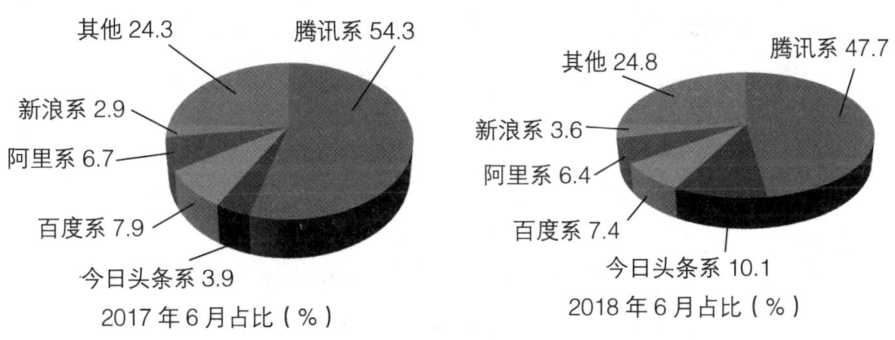

图 7–2 移动互联网各巨头独立 APP 总使用时长占比

而且，今日头条的这种增长并不是一时的，它依旧在突飞猛进，用户日均使用时长甚至高达 76 分钟。高增长吸引的是资本的注意力，而资本青睐所带来的则是价值的“三级跳”。据据公开资料显示，自成立以来，今日头条数次融资，数额更是翻倍增加，如表 7–1 所示。

表 7–1　今日头条融资情况

时间	级别	融资 / 美元	估值 / 美元
2012 年 7 月	A 轮	100 万	—
2013 年 9 月	B 轮	1000 万	6000 万
2014 年 6 月	C 轮	1 亿	5 亿
2016 年 12 月	D 轮	10 亿	110 亿
2017 年 8 月	E 轮	20 亿	293 亿

作为互联网企业，今日头条的入局似乎有些晚，在内容上也无法与门户网站相比，那么为何今日头条能够获得资本青睐，一次次获得高额融资？

是速度。

首先，面对机会，今日头条把握住了。

2012 年，中国有 5.38 亿名网民，其中手机用户超过 3.88 亿名。那一年，是移动互联网爆发元年。站在今天回看过去可以发现，2011—2018 年，中国上市企业排行榜榜单和财富量级的变化都是基于移动互联网的推动作用。

凭借敏锐的商业嗅觉，2012 年的机会今日头条捕捉到了。在门户网站还没有反应过来的时候，在互联网巨头的注意力尚不在此的时候，今日头条诞生了，它开始以内容为原点布局自己的商业帝国。

其次，产品是今日头条的优势。

不管是实业企业还是互联网企业，只有良好的产品品质才有可能颠覆市场，才能赢得竞争优势。面对市场巨头的竞争，新兴企业必须把控产品品质，以质量扩张市场版图。

在巨头重压之下，新生代要想得以生存只能不停衍变。为此，今日头条不断注入新鲜血液，一方面在内部不断孵化新的产品，如悟空问答、西瓜视频、火山小视频、抖音短视频等；另一方面通过外部投资和收购增加新内容，如快看漫画、华尔街见闻、FaceU 等。今日头条将这些产品打造成爆品，成功抵抗住了互联网巨头的“重拳出击”。

再次，良好的口碑是今日头条成功的强大动力。

好的口碑是扩张的基础。自 2012 年上线以来，今日头条便通过技术挖掘用户偏好，向用户分发个性化新闻资讯，90 天内订阅用户便突破 1000 万。2013 年，今日头条推出头条号功能，搭建内容创作平台，满足用户需求。2016 年，今日头条推出抖音、火山小视频、西瓜视频，布局短视频赛道，以多样化的内容增强用户黏性。为让产品深入人心，今日头条的管理层更是日常使用自家产品，并有点赞考核，这才塑造了一个个爆品。

最后，良好的社会基础，让今日头条有资本面对市场风险。

单打独斗的企业不可能站稳脚跟，企业的成功离不开投资人、合作伙伴的支持。自诞生以来，今日头条就不断得到投资人和投资机构的扶持，通过融资获得了强大的抵御风险的能力。

自横空出世以来，今日头条就不断地攻城略地，凭借一套独特算法，仅仅“搬运内容”便颠覆了传统媒体的门户网站，甚至在资讯市场上可以与有着庞大流量优势的微信公众号相抗衡。据公布的信息，今日头条 2016 年的广告收入达 60 亿元，2017 年接近 200 亿元，而刚刚在美国上市的爱奇艺 2017 年的营业收入才 173.78 亿元，速度让今日头条发展为全世界最有钱的私有科技企业之一。

从上述分析不难看出，速度让今日头条获得资本青睐，资本又进一步加快其发展速度，从而形成一个良性循环。

今日头条的成功并非不可复制，不管是传统企业还是新型企业，只要把握住了核心因素，在机会的把握上、产品的打造上、口碑的塑造上、社会基础的积累上打好基础，便可以用速度换资本，从而实现价值的跃进。

第八章
未来之基：稳固发展力

时代的巨变总是伴随着巨大的颠覆力量，诺基亚的轰然倒下就印证了这一点。但同时，也有一些价值创造能力较强的企业顺应了时代的发展趋势，实现了持续经营，如北京同仁堂、上海老凤祥、瑞典宜家、丹麦乐高等。在变幻莫测的商业环境中，一些企业为何难以为继？一些企业又为何经久不衰？当今的中小企业又该依靠什么直指百年？

现代社会，创新不断涌现、潮流瞬息万变，这于企业而言是机遇更是挑战，很多中小企业都陷入了进退维谷的境地。面对时代的颠覆力量，中小企业必须加快完成自身价值创造系统的进化，不断提升自己的持续力、创新力、适应力、领导力、人才力、竞争力，创造更多的经济价值和社会价值，从容迎来未来。

第一节 基业长青的持续力

随着信息化、网络化、全球化进程的不断深入，我国一些企业抓住了发展的机遇正在加速占据全球市场。但同时商业竞争也日趋激烈，于大多数中小企业而言，伴随而来的高风险使其发展举步维艰。那么，面对严峻的形势，中小企业如何才能保持基业长青呢？

巴黎商学院在企业经营管理的“黄金法则”中提到：经商最重要的不是资金，而是商业模式。因此，构建一个怎样的商业模式直接决定了企业的命运。在市场扩张中，很多企业只是一味地争抢存量资源，殊不知这种“价值攫取型”模式只会使其加速衰亡。在这个价值为本的时代，中小企业必须重新考量自己的经营战略，构建一种以价值创造为核心的商业模式。

✧ 基业长青，经营永继

对于任何一个企业而言，其最终目的都不是成为阶段性的市场领导者，而是实现企业的持续发展。但是在经营实践中，真正实现持续经营的企业少之又少，很多红极一时的企业都被时代的洪流淹没，成为过眼云烟。

存活率低是中小企业长期存在的问题。据统计，在日本，仅有 18.3%

的企业能维持10年以上；在美国，中小企业的平均寿命不到7年；在中国，中小企业的平均寿命仅为2.5年。看到这些数字，我们不免唏嘘，中小企业为何如此短命?

著名管理大师彼得·德鲁克曾说:“当今企业之间的竞争，不是产品之间的竞争，而是商业模式之间的竞争。”商业模式的优劣直接决定企业的成败。纵观企业的发展史，所有商业上的兴衰都如出一辙，都是在商业模式上出了问题。

在传统商业模式中，很多中小企业急于求成，一味地追求高速度、高增长，将追求高市场占有率视为商业竞争的核心，然而这并不能为企业带来可观的利润回报。当不确定性成为常态时，回归战略层面、构建健全的商业模式是企业获得持续成长的关键。那么，什么才是健全的商业模式呢？好的商业模式是以价值创造为核心的，是一种通过为社会创造价值的方式来获取经济利益的模式。现代企业应该将价值创造作为持续经营的关键点，努力为顾客、为社会创造更多价值。具体来说，企业可以从产品、人才、企业文化、社会责任四个方面着力提升自身的价值力，从而获得持续的发展力。

产品是企业与顾客交流的价值载体。“品味虽贵必不敢减物力，炮制虽繁必不敢省人工”，这是同仁堂在经营过程中始终坚守的原则。如今商业竞争的核心已经向顾客转移，企业只有为顾客提供超预期的产品，才能在产品同质化的时代脱颖而出，将价值变现。

人才是企业持续创造价值的原动力。对于任何一个企业的发展来说，人才的重要性都不言而喻。企业必须大力实施人才强企战略，秉持“唯才是用”的观念，选对人、用对人、培育人，从而激发员工潜能，最大化地发挥人才的价值创造作用。

企业文化是企业实现价值共创的前提条件。被市场淘汰的企业大多只是将追求高利润作为经营的重中之重，而忽视了文化对价值创造的重要作用。良好的企业文化可以提升领导的决策力和执行力，激发员工的创造力，从而实现价值共创。

强烈的社会责任感是企业获得社会认可的关键。企业要想实现持续发展，就必须保证社会的可持续发展，在经营过程中要合理索取资源，在获得价值回报后还要反哺社会，如此才能够形成良性循环，使价值不断增值。

企业作为一个有机的生命体，它的生存和发展有赖于健全的商业模式——价值创造系统。商业模式是企业经营的核心所在，创造性的商业模式可以使企业提升自身价值，错误的商业模式则会使企业逐步走向衰败。

失去价值创造，整个商业模式将毫无意义。要想获得持续的发展，企业就必须紧紧围绕顾客需求、社会需求，积极构建以价值为核心的商业模式，使各个价值创造系统协同运作，共同为社会创造出所需的价值。

✧ 百年经营，价值飞跃

商业竞争为企业带来了发展的机遇，同时也伴随着致命的风险。在激烈的角逐中，我国很多企业因价值创造能力较弱而纷纷“夭折”。当然，也有一些企业在商海沉浮中苦心经营，最终获得了价值增长，实现了持续发展，如以制作珠宝首饰闻名于世的老凤祥。

从最初的老凤祥银楼发展到如今的大型首饰企业集团，创始于 1848 年的老凤祥至今已经持续经营了 170 年。在市场的风云变幻中，我国众多企业纷纷没落，而老凤祥跨越了三个世纪却仍然闪烁着价值的光辉，原因何在？纵观老凤祥的发展史，优质的产品、坚实的人才基础、优秀的企业文化、强烈的社会责任感正是其得以持续发展的关键。

匠心打造优质产品，提升品牌价值。产品同质化严重、品牌附加值低是我国很多企业的通病。为了解决这一痛点，更好地满足年轻群体的个性化需求，老凤祥一改往日的保守策略，对产品结构进行了调整，将产品品类从单一的“黄金”发展为“金、银、铂、钻、翠、珠、玉、宝”等八大类。同时，老凤祥还建设了一支以国家级大师为主体的创意设计团队，为顾客打造出了更多个性化、工艺价值高的产品，受到了广大顾客的喜爱。

随着消费结构的升级，高品质、高信誉的产品往往受到消费者的青睐。长期以来，老凤祥一直坚持“做优为基础、做强为根本、做大为目标”的品牌战略，塑造出了“牌子老、款式新、工艺精、信誉好”的品牌形象。在黄金产业的低迷期，老凤祥能够逆市实现利润增长，与其日益提高的品牌价值密不可分。

实施人才强企战略，打造智慧型团队。员工作为价值创造的主体，是价值增值的源泉。为了有效保证参与市场竞争的活力，老凤祥倡导构建学习型企业，在企业内部建立了教育培训基地，培养出了一批又一批的设计人才，夯实了人才基础。

通过大力实施人才强企战略，老凤祥内部精英荟萃、人才辈出。凭借众多的专业技术人才，老凤祥在价值创新的道路上一直稳步前行，创造出了众多优秀成果，并先后获得“国家科技进步奖”。

塑造优秀企业文化，实现价值共创。优秀的企业文化是企业实现价值增值的基石。经过积极的探索，老凤祥逐步形成了以“传承经典、创新时尚，成为首饰产品与文化的传播者”为使命，以“共创经典、共享品质”为愿景，以“共进、共赢、共享”为经营理念的企业文化。在正确价值观的指导下，领导与员工上下一心，共同为企业创造更多价值。

在企业的持续发展过程中，企业文化发挥着不可替代的作用。企业生存与发展的不竭动力并非来自于丰富的资源和强大的技术，而是来自于优秀的企业文化。IBM、GE、微软等众多500强企业长久不衰的秘密亦是如此。对于发展期的企业来说，只有在企业文化的引领下，才能跨越时间的长河，开拓更多的利润空间，直指百年。

积极承担社会责任，塑造良好形象。百年岁月百年心，老凤祥的社会责任感早在抗战时期就已经彰显。历经 170 个春秋，如今老凤祥仍然以“关爱社会、同舟共济”的赤子之心积极投身社会公益事业，如老凤祥与恒源祥携手制作 3 千克纯金羊，并将拍卖所得款项全部捐给慈善事业，彰显了百年老字号的责任感和使命感。

迈克尔·波特认为:“企业应该把社会责任纳入竞争战略中，通过企业社会责任活动获得竞争优势。本质上，企业是一种以满足社会需求为目的的组织。因此，企业应当以社会责任为己任。”有社会责任感的企业才能基业长青，只追求自身利益有悖于社会发展的要求。企业作为社会的一员必须承担起相应的社会责任，在获得自身利益的同时为社会贡献价值。

“凤鸣中华，金凤呈祥。”经过多年深耕，如今老凤祥已经成长为一个极具品牌价值的企业。在“2018 最具价值中国品牌 100 强”榜单上，老凤祥位列第 75 名，蝉联珠宝行业第一，在时代巨变中持续引领行业的发展。

百年企业的生存与发展史就是一部不断创造的历史。无论是行业泰斗，还是行业新秀，永续经营的关键就在于构建以价值为核心的经营模式。在新的商业环境中，企业必须摒弃“价值攫取型”模式，积极采用“价值创造型”模式，在不断创造中获得长期的利润回报和价值增值。

第二节　勇往无前的创新力

管理大师彼得·德鲁克曾指出:“创新的行动就是赋予资源以创造财富的新能力。”创新力的强弱决定了企业竞争力的强弱和盈利能力的强弱。纵观历史，人类社会就是一部不断创新的发展史。苹果开创了个人计算机时代；阿里巴巴创新了销售渠道；腾讯创新了交流方式……另外，根据 2018 年全球企业市值的最新排名，苹果公司市值突破 1 万亿美元，排名第一，阿里巴巴和腾讯市值均突破 4000 亿美元，分列第七名、第八名。据此可以得出，强大的创新力造就了有价值的企业。

✧ 以创新，谋发展之势

创新力是衡量一个国家、社会和企业影响力的重要标志。中国能否引领全球经济取决于创新力；人类社会能否长久繁荣取决于创新力；企业能否实现持续的价值增值取决于创新力。在激烈的市场竞争中，谁具备勇往无前的创新力，谁就能赢得先机，掌握发展的主动权。

当前，从宏观上来说，我国企业正处于蓄势崛起、攻坚转型的紧要关口，很多制造型企业仍处于全球价值链的中低端，创新驱动力较弱，面临着资源消耗大、利润薄等痛点。因此，当前我国多数企业都对创新能力有着急迫的需求。

如何增强创新力进而获得持续的价值增值是当下每个企业都必须思考的问题。在新形势下，我国企业必须以创新驱动发展，而不是依靠规模、成本和人力的传统模式。创新力始终是企业持续增值的核心推动力，要提高自主创新能力，企业需要把握住这三点：一是自主创新要符合国际创新趋势，顺势而为，不能闭门造车；二是整合优势资源，重点突破关键领域，广撒网只会将企业有限的资源分散；三是抓住网络化、数字化、智能化发展的契机，加强技术创新，以技术创新推动企业的整体创新。

改革开放 40 年来，我国经济实现了高速发展。在创新力的强大驱动下，中国社会蓬勃发展，中国企业欣欣向荣。大数据、云计算、人工智能等新技术的快速发展，使我国企业获得了强大的技术支撑，与其他行业巨头站在了同一个起跑线上。阿里巴巴、腾讯、百度、摩拜单车等具有创新力的新兴企业先后涌现，开启了与世界同行竞争的新局面。

电子商务平台实现了人们足不出户购买产品的愿望；社交软件拉近了人与人之间的距离；搜索引擎为人们提供了世界各地的新闻资讯；共享单车解决了人们出行“最后一公里”的难题……强大的创新力造就有价值的企业，有价值的企业不断改变着人们的生活方式，不断推动着行业的进步和社会的发展。

改革方兴未艾，创新永不停歇。以创新为核心的竞争正在如火如荼地进行，企业作为推动社会发展的中坚力量，要想实现自身的价值增值并贡献价值于社会，就必须努力打造创新力，不断创新品牌、创新技术、创新营销模式，以强大的创新力赢得持续的竞争力，以持续的竞争力不断开拓高端市场。

✧ 以创新，破增值之道

近年来，我国白酒行业持续遇冷，很多小酒企在同质化的洪流中就此沉沦。究其原因，消费环境已经改变，国内消费水平不断升级，年轻消费群体迅速崛起，消费者的个性化诉求越来越明显。在这样的大背景下，一些创新能力较弱的小酒企只是一味地固守传统，自然难以生存。那么，面对恶劣的市场环境，小酒企的突破口是什么呢？

增强创新力即为小酒企突破重围、提升价值的利器。无论在哪个行业，只有做创新的领跑者，企业才能抢占先机，获得更大的竞争优势，赢得更大的增值空间。面对行业遇冷的局面，凉露异军突起，勇立创新潮头，从品牌定位、产品技术、营销模式等方面发力创新，因此从一片红海的白酒市场中脱颖而出，成为白酒行业的先锋。

品牌定位创新。在对品牌定位时，创新的关键在于精准化和差异化，如果没有特色定位，产品只会迅速消失在市场之中。基于此，凉露的市场定位为“吃辣喝的酒”。数据显示，全国食辣人数已经超过了6亿，而在这片市场定位的酒企几近空白。因此，凉露坚持差异化策略，顺势而为推出“吃辣喝的酒”，满足了消费者吃辣喝酒的需求。同时，精准的市场定位也填补了市场空白，为白酒行业探索出了一条新的增值路径。

产品技术创新。低质时代已经远去，品质决定企业未来。为此，凉露组建了一支由博士生导师和酿酒大师构成的专业技术团队，并联合江南大学成立了中国首家“餐酒研究中心”，通过专业团队的多次工艺试验，打造出了能够缓解辣味刺激的凉露，在生理上解决了消费者在饮用辣味食物时的痛点。在技术创新的驱动下，凉露用品质过硬的产品俘获了众多消费者的心，因而获得了更多盈利的机会。

营销模式创新。与江小白的情感营销方式不同，凉露走的是场景化营销路线。为此，凉露并没有采用超市直销模式，而是与饭店、餐厅合作，尤其是售卖火锅、小龙虾等辣味食物的餐厅，让人一吃辣就想起喝凉露。通过对消费场景的锁定，凉露为消费者提供了最佳的消费体验。在酒类消费市场中，牛排配红酒是消费者潜意识下的经典搭配，而凉露将自己和辣味食物进行捆绑营销，同样获得了消费者的认同。

在品牌定位创新、产品技术创新、营销模式创新的共同作用下，凉露这个横空出世的新兴品牌，在上市短短数月内就风靡整个行业。同时，凭借着强大的创新力，凉露在实现自身价值增值的情况下，也为白酒行业的回暖增添了浓墨重彩的一笔。

近年来，随着我国产业结构的不断升级，国内企业的创新能力在不断加强。但是，与发达国家相比，我国企业在创新能力上还处于弱势，企业的经济增长还过多地依赖廉价劳动力和资源消耗。因此，未来我国企业要想提升价值、赢得竞争优势，必须致力于价值创新，努力提高价值链各个环节的创新能力。

创新是一个国家经济发展的强大驱动力，是一个企业持续增值的根本路径。在经济高速发展的时代，创新作为引领企业发展的核心推动力，为企业带来了广阔的利润空间。无论是传统行业的转型升级，还是新兴企业的发展壮大，都需要依靠强大的创新力来实现。在新时代下，企业必须争做创新的排头兵，牢牢把握住创新增值的主动权。

第三节　无坚不摧的适应力

自然界中存在着一种名为“阿米巴”的变形虫，其最大的特性就是可以根据环境的变化灵活地调整自我。由于极强的环境适应能力，这种变形虫已经在地球上存活了几十亿年，是地球上最古老、最具生命力的生物体之一。

自然界时刻都在变化，生物体只有拥有极强的适应能力才能长久生存；社会环境也在不断变化，企业只有具备无坚不摧的适应力才能基业长青。面对复杂多变的商业环境，企业只有两个选择，要么学会适应，要么就被淘汰。

✧ 兵无常势，水无常形

《孙子兵法》有云：“水因地而制流，兵因敌而制胜。故兵无常势，水无常形，能因敌变化而取胜者，谓之神。”意思是说打仗时军队要根据敌情的变化不断调整作战方法，如此才能战无不胜。商场如战场，企业立足于市场的关键也在于根据市场环境的变化不断调整经营策略，建立新的经营模式，获取新的价值创造方式。

市场常常阴晴不定，在复杂多变的商业环境中，一些企业因主动适应环境而生存下来。例如，日本的京瓷公司因具备极强的适应能力，在经历

4 次全球性经济危机之后，不仅没有被市场淘汰，反而成为东京证券交易所股价最高的企业。

然而，在激烈的角逐中，也有很多企业因固守传统经营模式而难逃被淘汰的命运。例如，柯达因为经营模式过于保守，只是一味地依赖传统胶片而没有积极地向数字化转型，因而错失良机，从胶片巨头走向破产。又如，尼康由于缺乏对市场的前瞻性分析，面对智能手机的普及，它只是被动等待而没有积极转型升级，因而经营惨淡。

人与环境有机统一起来才能精力充沛；企业与市场有机统一起来才能充满活力。适应是一种主动取胜的智慧。任何一个企业，唯有具备这种智慧，在环境变化时主动改变自己，才有可能在充满不确定性的市场环境中赢得发展的机会。

我国医者治病历来也遵从“天人相应”的法则，用药讲究顺应四时气候之变化，以使药物发挥最佳疗效。医人如此，经营企业亦是如此。一个企业若不因市场环境的变化而变化，不将自身调整到适应市场的最佳状态，那么等待它的就只有没落与失败。

“物竞天择，适者生存”不仅是自然界生物体的生存法则，亦是企业的成功之道。市场不是为了某一个企业而专门设定的，不会主动去迎合任何一个企业。当企业和市场环境发生冲突的时候，企业虽然无法改变环境，但是可以去努力适应环境。因此，面对外部环境的变化，如何做出有效应对，是每个企业在经营过程中应该思考的重要问题。

✧ 以变制变，变中取胜

“适应变化”是一个永恒的话题，早在 1859 年，英国生物学家达尔文就在其出版的《物种起源》一书中对“适应变化”做了具体阐述。在当代社会，“适应变化”仍然是一个最热的话题。比尔·盖茨曾说：“这个世界上充满了不公平的现象，你不要想着去改变它，你要做的就是去适应它。”马云也曾提出：“企业要不惧危机，积极拥抱变化。”

客观环境是永恒变化发展的，世界上唯一不变的就是变化本身。企业的发展离不开市场环境，环境在变，经营模式也要随之改变，适者生存是当代企业生存和发展的必然规律。

阿里巴巴就是一个具有快速适应力的企业典范。作为电商行业的领头羊，阿里巴巴虽然发展欣欣向荣，但是也免不了要遭受环境变化带来的挑战。新技术革命在不断冲击着电商领域，面对变化，阿里巴巴果断采取了以变制变的经营策略，并取得了突破性的进展，为企业创造出了更多价值。

一是升级组织结构。

当今社会，大数据和云计算已经成为新的经济发展引擎，为应对这种变化，阿里巴巴致力于将过去的“树状”组织结构转变为更加高效的“网状”组织结构。为此，阿里巴巴将企业内部分为“小前台、大中台”两部分。小前台灵活敏捷，主要承担一线业务的运营；大中台作为支撑，主要承载各种运营数据。纵观阿里巴巴近些年的组织结构调整，每一次的组织升级都是阿里巴巴为了应对变化的环境所做出的及时反应。

二是推出新产品和新服务。

以消费者为中心是新零售的本质。随着体验经济时代的到来，消费者更加重视消费体验，而不是单纯地购买产品。为此，阿里巴巴顺势而为，于 2018 年推出了一款全新的服务评价体系“天猫新灯塔”。新体系弥补了原来商家服务测评体系的不足，除了各项售后服务指标，还包括咨询、物流、纠纷等售前服务指标。这套评测体系作为阿里平台的基础服务标准提高了全平台的服务水平。

三是建立合伙人制度。

这是一个共创价值的时代，单枪匹马必然势单力薄，无法有效抵御环境突变带来的风险。为此，阿里巴巴建立了合伙人制度。凡是在阿里巴巴工作五年以上，具备卓越的领导能力，并且高度认同企业文化的员工都可以申请成为合伙人之一。合伙人制度激活了组织的生命力，大家同心同德，为企业共同创造价值，保证了企业的长久运营。

变化是一种必然。面对这种必然，企业能做的就是改变自己，以变制变。阿里巴巴积极拥抱变化，因而屡创奇迹，市值不断攀升。据2018年最新发布的全球企业市值排行榜，阿里巴巴以近5000亿美元市值跃升至第六位，直逼苹果、谷歌、微软等巨头。

强大的环境适应能力是企业的生命力。积极适应环境，主动做出改变，这是当代企业的生存法则。海尔经历了转型的阵痛成为家电领域的佼佼者；苹果通过不断创新成为智能机领域的霸主。无论是老牌企业，还是行业新秀，实现价值持续增值的关键都在于内化的适应能力。

世界上没有一成不变的东西，一切事物都在变化，都在发展。市场环境的变化远比想象的要快得多，没有任何一个企业能够躲掉。在快速变化的环境中，最有效的应对方式就是以变制变，在变化中取胜。具备了极强的适应力，企业便能够不断以全新的面貌获取新价值。

✧ 借力发力，乘势而上

21世纪，经济全球化的时代特征已经彰显，科技发展日新月异，大数据、云计算、人工智能等先进技术蜂拥而至，企业间的竞争也日趋激烈。在瞬息万变的商业环境中，企业必须借力发力，以极强的适应力来武装自己。下面以大数据为例进行分析。

大数据具有完整性、开放性和及时性等特征，它的出现为企业带来了一个全新的发展机会。在大数据时代，企业应该建立大数据思维，借助大数据之力创造新价值。中小企业借力大数据，可以从以下几方面着手。

第一，做好数据价值调研。有价值的数据能够帮助企业提升业务、降低运营成本、实现精细化运作。但是，在海量的数据中，并不是所有的数据都能够为企业创造价值。因此，企业在选择大数据业务时要先做好调研，透彻分析行业内的成功案例，明确哪些数据能够为企业带来较高的价值回报。

第二，收集核心数据。具体可以分四步来进行：第一步，建立核心数据标准，如客户关系管理和客户营销数据都属于核心数据；第二步，归档外围数据，如将收集的客户信息归入客户关系管理系统；第三步，扩展上下游渠道数据，如做快销行业的企业可以多搜集沃尔玛等大型超市的数据，以指导企业的运营；第四步，与社会化媒体数据的发布者建立联系，通过他们获取更多的客户信息。

第三，扩展虚拟人脉。数据缺失是中小企业普遍存在的问题。对此，中小企业可以通过扩展虚拟人脉来加强数据获取能力。例如，企业可以建立自媒体，并与不同行业的自媒体互相交换人脉，从中获取更优质的大数据资源。

第四，建立大数据文化。中小企业要想借助大数据之力实现价值飞跃，还需要建立灵活的内部协作机制，赋予管理者更多的决策权，培养管理者使用数据分析问题的素养，形成一种良好的文化氛围。

大数据并不是大型企业的专属，每一个中小企业都可以运用一定的方法提升自己的数据获取能力，构建出适合自身发展的大数据。为了更好地应对新经济环境的挑战，中小企业必须借助数据之力进一步驱动自己的价值创造力。

在商业竞争中，最终存活下来的往往不是实力最强的企业，而是那些最能适应环境变化的企业。于企业而言，变化与其说是一种挑战，不如说是一种机遇。在变化的环境中，新事物总是伴随而来，而企业借助新事物的力量便能够实现自我升级，提升价值。

第四节　锦上添花的领导力

在管理学界有这样一句话，“一只绵羊带领的一群狮子敌不过一头狮子带领的一群绵羊”，可见领导力对企业生存和发展的重要性。在当今激烈的市场角逐中，企业能否获得持续的竞争优势，实现快速增值，在很大程度上就取决于企业领导者的领导力。一个具备卓越领导力的领导者能够在企业面临危机之时力挽狂澜，为企业带来无限生机。

✧ 领导者彰显企业风范

领导力大师诺埃尔·蒂奇在其所著的《领导力引擎》一书中曾指出：“成功企业之所以成功，是因为它们拥有优秀的领导者，这些领导者指导组织中所有层次其他领导者的成长。”在企业经营中，领导者始终是推动企业发展和变革的核心力量，其领导力的强弱决定了企业的兴衰成败。

所谓领导力，是指领导者通过建立愿景目标带领组织往既定的方向前进从而实现组织效益最大化的能力。需要注意的是，领导力并非是一种权力，而是一种影响力。卓越的领导力可以激发员工的工作热情，从而促使他们全力以赴地完成既定目标。

卓越的领导力是每一位优秀领导者的特质，是领导者经营企业时必备的能力。从经营层面来说，卓越的领导力一般包括战略思考能力、执行力、创新力等。纵观企业的发展史，凡是有价值的企业无不依靠优秀的领导者作为支撑，华为的成功亦是如此。

成立之初，华为仅仅是一家代理销售交换机的私营小作坊，然而看似毫无竞争优势的华为，却能够与实力雄厚的国有企业展开竞争，并在激烈的角逐中不断提升自己的价值，一跃成为全球电信行业巨头。究其原因，华为成功的驱动力正是源自于任正非卓越的领导力。具体来说，主要体现在以下三个方面。

一是严格管理。在企业内部管理上，任正非的领导风格是强硬的、务实的。早在成立之初，任正非就开始初步拟定基本纲领，即《华为基本法》，以明确界定企业的任务、愿景、经营哲学、人才理念等。华为就像一列高速行驶的列车，而《华为基本法》则是任正非为这趟列车精心铺设的轨道。《华为基本法》确保了华为的正确航向——专心生产精良的通信设备，不被其他高利润行业引诱。

二是唯才是举。任正非建立了一种标准的 HR 机制，使华为的人才选拔、培育、考核等越来越完善。在职务提升上，任正非提出让最有责任心的人担任最重要的职务。在薪资问题上，任正非提出以才能、贡献和职位的重要性为依据进行评定。在股权分配上，任正非构建了一种优秀职工团体控股、主干职工大量持股、初级职工恰当参股的股权分配机制。

三是敢于自我否定。早在 2001 年，华为的“春天”到来之时，任正非就指出华为必须时刻做好过冬的准备。如今，华为凭借着极高的价值力已然登上了全球电信行业的巅峰。然而，任正非仍然保有一定的危机感，他指出华为要担起世界领袖的担子任重道远。《止学》中有言：“势无常也，仁者勿恃。势伏凶也，智者不矜。”正是因为任正非敢于自我否定、慎思笃行，华为才能够与时共进，实现持续的价值增值。

在企业经营中，任正非以卓越的领导力使华为从一个小作坊摇身一变成为最具竞争力的跨国企业之一。经过多年的持续成长，华为在国际舞台上大放异彩，取得了傲人成就。根据《福布斯》2018 年全球最具价值品牌 100 强榜单，华为是唯一上榜的中国品牌，位居第 79 位。

✧ 领导力掌舵企业经营

卓越的领导力是企业实现价值增值的关键驱动力。在乔布斯的带领下，苹果公司从一个以销售个人电脑为主营业务的小企业成长为全球最具价值的高科技企业；在韦尔奇的带领下，通用电气公司从臃肿的官僚企业转变为充满活力的巨头企业；在马云的带领下，阿里巴巴从一家互联网黄页企业摇身一变成为电商行业的领军企业。

如今，全球化与网络化快速发展，市场竞争越来越激烈，现代企业正面临着更为严峻的挑战。面对新形势，企业的生存和发展需要依靠领导者强大的领导力来实现。为此，领导者必须达到三个维度：一是高度，领导者要具备完整的理论体系，能够系统地看待问题；二是深度，领导者要能够透过现象看到问题的本质，抓住问题的关键；三是宽度，领导者不仅要掌握本行业的专业知识，也要了解其他行业知识。

领导力并不是与生俱来的，领导者要想达到以上三个维度，必须运用一定的方法进行反复训练。具体来说，领导者可以从以下四个方面着手。

一是加强学习，提升素质。现代社会，知识经济方兴未艾，科技发展日新月异，企业领导者只有不断加强学习，提升自身素质，才能根据新形势制定出更为准确的经营策略。学习是一个系统化的过程，领导者必须建立一个结构化的知识框架，把学习到的新知识连接起来，建立起属于自己的思维体系。

二是顶层操作，适当放权。领导者应该把自己的工作重心转移到大政方针的制定上，控方向、抓大事、谋全局，而不是做一些浅层工作。对于一些烦琐的日常工作，领导者应该放手让员工去做，自己只对最终结果进行判定即可，这样才能集中精力制定企业战略。

三是虚心求教，从谏如流。人无完人，领导者也不例外。领导者要勇于向他人虚心求教，善于听取他人建议，通过他人的反馈来发现自身的不足，并不断完善自己，通过不断的倾听和反思形成自己的心智模式。在复杂多变的环境中，个体是无法依靠一己之力获得成功的，领导者要想提升领导力，就必须与他人联合，取人之长，补己之短。

四是刻意实践，反复练习。朝着既定目标刻意地练习是领导者提高领导力的一个重要方法。领导力的提高不是一蹴而就的，领导者必须为自己设定一个目标，即想要达到一个什么样的效果，然后付诸行动。实践之后，领导者还要根据反馈结果及时调整自己的作战计划。只有不断实践，领导者才能获得能量，进而提升自己的领导力。

领导者掌握着企业的各项重大决策权，因而领导者领导力的高低直接影响着企业的经营状况。不断打造卓越的领导力，能够让领导者在复杂多变的环境中制定出正确的经营战略，找准正确的发展方向，从而带领企业抢占发展先机，占领价值高地。

第五节　熠熠生辉的人才力

“国以才立，政以才治，业以才兴。”在21世纪的今天，中国已经步入了知识经济时代，人才资源成为各个企业争相抢夺的核心战略资源，人才力成为企业发展创新的关键力量。在新形势下，变革传统的制度化人才管理体系，建立新的激励管理制度，是形成团队向心力、激发员工创造力、增强企业人才力的有效途径。

✧ 猎头不懂猎才技

2018年9月，苹果公司举办了秋季新品发布会，而此次发布会得以成功举办离不开富士康代工生产的“功劳”。作为全球最大的电子制造商，人才力无疑是支撑富士康发展的重要力量。然而，在人才管理上，这位昔日的猎头却迷失了方向，曾经助力富士康发展的人才管理制度如今已百弊丛生，富士康也因此陷入了“用工荒”的窘境。

2018年1月6日，郑州富士康一名员工因索要“返费”未果跳楼身亡。让人痛心的是，跳楼事件在富士康已经不是第一次发生了。早在2010年，富士康就发生了震惊世界的“十三连跳”事件。此事件之后，跳楼事件几乎每年都会在富士康发生。与此同时，富士康也面临着大批员工离职的窘况。据统计，富士康每月流失员工人数达上万名，再加上近年来来富士康应聘的工人越来越少，“用工荒”现象频繁在富士康上演。

那么，一个世界500强企业为何会遭遇“用工荒”？冰冻三尺非一日之寒，从门庭若市到门可罗雀的转变亦非一朝一夕即可为之。作为世界上最大的代工企业，富士康一直以专业化、高效率取胜，而过于追求效率必然意味着对员工的过度剥削。作为制造业的猎头，富士康却不懂得猎才技巧，因而难以集人才之力为企业创造价值。

在管理模式上，为了追求高效率，富士康采用的是等级森严的金字塔式的管理模式。在这种模式下，员工被训练成了一台台机器，每天都在不间断地做着同样的工作、重复着相同的动作，始终都处于高强度的工作状态。长此以往，员工身心俱疲，因而只能选择离开。

在薪资待遇上，富士康普通员工的底薪一般很低，如果想要拿高薪，他们必须长时间加班。员工进入富士康后，每人都要签一份“自愿加班协议书”，但“自愿加班”实质上并非自愿，因为根据协议，员工如果选择加班就必须整月都加班，反之则整月都不加班。

另外，除了制度上的严苛，富士康在精神上也没有给予员工足够的关爱。“爱心、信心、决心”是富士康标榜的文化理念，然而员工们都只体会到了信心和决心，却鲜少感受到爱心。一线管理者只是作为工厂的监视器而存在，不仅不会给予员工关怀与帮助，还会大声呵斥员工，完全不顾员工的尊严。

人才是企业最重要的资源，富士康世界工厂的地位需要依靠员工的创造力来维持。一切以结果为导向、以高效率为追求的人才管理模式必然会导致富士康人才力的丧失。就目前的形势来看，富士康的人才总量、结构和素质已经无法适应其发展的要求。事实上，人才管理制度的缺陷不仅仅是富士康独有的问题，也是我国很多中小企业正在面临的问题。当前，很多企业缺乏人才力，发展如死水一般，原因就在于不懂得开发和运用人才资源。

随着中国加入 WTO，国际人才市场的一体化竞争趋势进一步加剧。为顺应全球性经济市场化的要求，中国企业必须变革人才管理制度，大力实施人才强企战略，转变人才管理观念，完善人才吸纳、培养、评价制度，扎扎实实地把人才培养工作做深、做细、做实，如此才能在国际市场上争得一席之位。

✧ 标杆深谙育才术

全球化和网络化发展越来越迅猛，企业的竞争范围也随之逐渐扩大，其中就包含了人才的竞争。面对新的市场环境，企业必须重新思考人才资源与价值增值的关系，建立新的人才管理模式，打造更强大的人才力，以突破困局实现价值增值。

如今，人才已经成为现代企业竞争的核心，企业的管理模式也发生了革命性的变革，由人力资源管理转变为人才资源管理。只有积极开发人才潜能，不断打造人才力，企业才能与竞争对手拉开差距，实现自身的快速成长。

在星巴克 CEO 舒尔茨看来，员工在品牌传播中扮演着重要的角色，咖啡的口味掌握在员工手里，因此，要想让顾客满意，首先要打造人才力，大力激发员工的创造力。为此，星巴克做了如下尝试。

在管理模式上，星巴克摒弃了等级森严的科层制。在星巴克内部，员工与员工之间不分等级皆以“伙伴”相称，员工们懂得彼此尊重。另外，即将加入的新员工在未入职之前就可以收到店长的欢迎邮件；入职第一天会收到企业派发的欢迎礼包和品尝咖啡的邀请。在日常工作中，为了保证员工精力充沛，星巴克还做了一项规定：高峰时段2小时后，前台必须到办公室休息，或者做一些整理工作，以保证员工的精力。

在福利待遇上，星巴克不仅提升了最基本的薪资福利待遇，还推出了每位员工都可以享受的“咖啡豆股票”计划。所谓“咖啡豆股票”计划，就是指企业将对全体员工发放限制性股票，使每位员工都能够持股成为企业的股东。这一计划的实施意味着星巴克在盈利的同时，员工也能够利益共享。

在晋升制度上，星巴克还为员工建立了一套完备的晋升体系，以帮助员工尽快实现自己的职业梦想。在星巴克，新入职的员工会先接受业务培训和咖啡知识培训，然后再去门店实习。另外，星巴克还面向全体员工建立了一所星巴克大学，员工在接受入职培训后，还可以进入大学接受更加专业、系统的培训，以获得更多的知识技能储备。在星巴克，所有的伙伴都可以走上通往咖啡大师的道路。

在激励制度上，星巴克以人性化的人文激励作为人才力打造的核心。2017年4月11日，星巴克CEO舒尔茨称自6月1日起星巴克将为在企业工作两年以上的中国全职员工提供一项新福利——为他们年龄在75岁以下的父母购买“重疾险”。这一决策的颁布意味着星巴克每年都要额外支出数百万美元，但对于如此巨大的成本投入，舒尔茨却认为十分必要。舒尔茨曾说：“自始至终，引领我们不断前行的使命就是一切从人文视角出发，将星巴克打造成一家值得尊敬和信任的企业。”

强大的人才力造就强大的企业。基于对人才力的深入挖掘，星巴克创下了一系列惊人的数字。2016财年星巴克全年净收入达213亿美元，上涨了11%；2017财年星巴克的销售额、营业收入和利润率等都实现了3%到17%的增长；2018财年第一财季星巴克净收入达61亿美元，同比增长6%。在全球零售业持续不景气的大背景下，星巴克凭借着强大的人才力，在过去 30 年里实现了年均 41% 的复合式增长，其市值也从 1992 年刚上市时的 2.5 亿美元增加到了如今的 940 亿美元。

从星巴克的人才力打造举措中不难看出，人才力的打造不仅仅要从制度上进行，也要重视人文关怀的激励作用。企业不仅要完善人才管理制度，更要树立“以人为本”的文化理念。“百年树人”方能“百年兴企”，人才力始终是企业取得竞争优势的力量源泉。

人才力是企业基业长青的重要保障力，是企业实现持续发展的重要驱动力。人才力具有持续性和不易复制的特征，因此人才力所形成的竞争优势可以持续为企业创造价值。当前，中国社会和中国经济正处在前所未有的转型期，企业应该抓住机遇，积极享用政府释放的人才红利，为实现自身的发展而争取最大的人才支撑和智力支撑。

第六节　所向披靡的竞争力

随着经济全球化进程的逐渐深入，国际市场的竞争越来越激烈。从本质来看，商业竞争就是一个残酷的淘汰过程，历来遵从的都是“弱肉强食”的丛林法则。在激烈的博弈中，只有实力强、竞争力强的企业才能赢得生存和发展的机会，而那些竞争能力较弱的企业则只能无奈陷入“人为刀俎，我为鱼肉”的险境。

✧ 竞争是一场硬仗

强大的竞争力是企业的立身之本。在激烈的角逐中，有的企业如昙花一现，黯然消逝；有的企业则坚如磐石，坚不可摧。原因就在于竞争能力的强弱。一个企业要想在市场上立足，提升企业价值，就必须塑造自己强大的竞争力，建立自己的竞争优势。

那些在风云变幻中屹立不倒的企业无不具备强大的竞争优势，如英特尔有强大的芯片、微软有独一无二的操作系统、谷歌有强大的搜索引擎。强大的竞争力使这些企业始终走在行业的最前列，并推动着行业的发展与进步。

与国际大企业相比，我国企业在竞争能力和盈利能力上均处于弱势，难以与之抗衡。究其原因，一是没有进行精准的市场定位，因而难以精准把握客户需求；二是在产品研发上投入不足，技术创新能力相对较弱，因而难以塑造品牌价值；三是没有构建共生平台系统，因而难以实现价值共创；四是没有构建有效的数据化信息管理系统，因而获取市场信息的能力较弱。

在竞争能力不强的状况下，我国传统企业正面临着严峻的考验。以零售行业为例，在网络化、全球化的冲击下，全球范围的零售行业大洗牌正在上演，我国零售行业也不可避免地遭遇了有史以来最严峻的关店潮现象。据统计，2015 年，华润万家关店 727 家，创历史新高；2016 年，华润万家继续关店 68 家；2017 年，联华超市关店 492 家，中百集团关店 107 家。近年来掀起的“关店潮”在中国零售行业中持续蔓延，并变得愈发严峻。

在关店潮的影响下，很多零售企业从盈利转为亏损，利润率持续下跌。由于竞争能力较弱，我国昔日风靡一时的传统零售行业如今只能无奈遭遇门庭冷落、营收下降、关店潮等残酷的现实。

目前，竞争能力弱已经成为很多企业的常态，实现可持续发展于大多数企业而言更是难以企及。在互联网时代，企业边界已经完全开放，竞争日趋激烈，竞争优势持续的时间也越来越短。因此，企业要想获得持续发展，就不能只塑造单一的竞争力，而是要形成竞争力群组。

反观那些成功的企业，它们无时无刻不在着力打造自己的竞争力群组，以增强自身的竞争实力。例如，苹果公司通过打造品质过硬的产品、构建覆盖全球的供应商体系等，形成了强大的竞争力群组，因而获得了成功。又如，阿里巴巴和腾讯通过不断的投资、并购和技术创新，获得了持续的竞争优势。

竞争是一场硬仗。现阶段，我国零售企业还有较大的升级空间。面对危机，我国企业实现持续增值的最有效的途径就是对标标杆企业进行自我革新，不断塑造自己的竞争力群组，以强大的竞争力赢得发展机遇。

✧ 竞争是一次危中寻机

在零售业有一种说法：“世上只有两家便利店，7-Eleven便利店和其他便利店。”可见，7-Eleven便利店在全球零售行业中的强势地位。7-Eleven便利店之所以能够成为全球零售行业的领跑者，原因就在于其不断打造自己的竞争力群组。

在互联网的冲击下，传统零售行业遇冷，关店潮在各个区域中不断上演，传统零售企业随时都面临着倒闭的风险。在危机中，7-Eleven便利店却突破了困局，形成了强大的竞争优势，赢得了发展机会。基于传统零售业普遍存在的问题，7-Eleven便利店从以下四个方面出发，全面打造自己的竞争力。

一是差异化定位。差异化定位能够使企业明确经营目标、确定经营方向。7-Eleven便利店对自己的定位非常明确，既不是百货商场也不是大型超市，而是单纯的便利店。基于这种定位，7-Eleven便利店始终践行“顾客身边的便利”原则，致力于将“便利”做到极致。

通过洞察消费者的真实需求，7-Eleven便利店在店铺内设立了ATM机，让顾客在排队取款的同时也能浏览店内的商品。另外，7-Eleven便利店还推出了面向老年人的生活缴费服务。据了解，7-Eleven便利店目前已经能够为顾客提供上千种服务。这种便利的生活服务受到了顾客的青睐，同时也为企业带来了销售额的增长。

二是塑造品牌价值。随着消费结构的升级，消费者在不断追求新的产品价值，没有价值的产品必将无法在市场中存在。自创立以来，7-Eleven便利店就一直坚持开发以鲜食为主的自有品牌，始终将品质放在第一位。

基于对品质的要求，7-Eleven便利店于2007年创建了自有品牌7-Premium。另外，7-Eleven便利店还构建了研发团队，提升了产品研发能力，从而对产品生产的各个环节都进行了严格把控。

强大的品牌价值为7-Eleven便利店赢得了广阔的市场，形成了最深的价值洼地。据统计，7-Eleven便利店自有品牌占比超过了60%，而自有品牌的销售额近70%来自于食品。相比之下，我国大多数零售企业则并没有开发出自己的独特品牌，大多都依赖于其他供应商，没有形成自己的竞争优势。

三是搭建共生平台。如今，供应商、制造商、零售商及用户已经形成了一个价值共同体，而企业的运营效率就依赖于价值共同体创建的共生平台系统。严格来说，7-Eleven便利店不仅是一家商店，更是一个以互联网为依托的共享经济平台。7-Eleven便利店只聘用了8000多名全职员工，其余人则都是加盟店、制造商和供应商的员工。7-Eleven便利店开设的专用工厂也都是由制造商或供应商投资建立的。另外，7-Eleven便利店还与加盟店组成了共同配送系统，打破了企业和制造商之间的壁垒。

工业时代的原动力是规模经济，互联网时代的原动力则是平台。如今，纵观那些发展态势良好的企业，其中有一多半都是平台化企业。在行业竞争异常激烈的环境下，我国企业要想突破困局，实现价值增值，就必须积极构建共生平台，实现价值共创，以此来不断增强自己的竞争力。

四是构建数据化信息管理系统。IT信息系统是7-Eleven便利店最强大的竞争优势之一。7-Eleven便利店在数字化方面进行了持续的投入，构建了数据化信息整合系统，将总部、门店、供应商等价值节点进行了连接。通过信息化系统，店员能够清晰地看到门店的经营数据，并根据数据信息反馈结果及时地调整商品结构。

7-Eleven便利店虽然是传统的零售企业，但是它却紧跟互联网时代的步伐，以积极的心态向着数据化与信息化的方向发展，因而成为时代的弄潮儿。参考 7-Eleven 便利店的经营举措，我国零售企业要想提高竞争力，也必须将数据化管理作为企业经营管理的重中之重，以数据化信息管理系统实现精细化运营。

基于强大的竞争力，7-Eleven 便利店成为全球最成功的连锁便利店之一，破解了“杂货店不值钱”的困境。据统计，7-Eleven 便利店在全球的店铺数量已经超过 6 万家，其所属的 Seven&I Holdings 公司市值达到了 350 亿美元。根据 2018 年 7 月 19 日《财富》杂志发布的世界 500 强榜单，Seven&I Holdings 公司位列第 179 位，

市场诡谲多变，7-Eleven 便利店却依靠强大的竞争力屹立 44 年不倒，引领了零售行业的发展。新时代已经到来，一切的投机都将被市场淘汰。在这个纷繁复杂的商业时代，企业并没有什么捷径可走。面向未来，我国传统企业也只有扎实基础，对标标杆企业不断提升自己的竞争力，从而战胜时代的挑战，抓住发展的机遇。

第三部分

贡献价值，未来可期

第九章
贡献价值是经营的第一理想

企业的成功并非一日之功，有些企业一味追逐利润，殊不知价值观才是企业成功的基石。企业只有明晰自身的价值观，以创造长期价值为导向，明确企业发展的愿景、使命，持续贡献价值于员工、客户和社会，才能在变幻莫测的市场环境中抓住未来发展动向，实现企业可持续发展的理想经营状态。

第一节　企业的价值观决定发展与寿命

成为一家伟大的企业，需要正确的企业价值观指引。企业价值观是企业在长期经营过程中的经验与认知的沉淀和精华，是全体员工所认同的行事准则，它能够帮助企业凝聚内部力量，协同外部合作。在企业的前进道路上，价值观不仅是企业追求基业长青的引路者，更是企业贡献社会价值的指南书。

✧ 价值观凝聚企业意志

“价值观”这一概念属于社会学范畴，意指人们对于事物是非的判断标准和重要性的排序，而“企业价值观”则指企业在经营管理活动中所推崇的根本信念和奉行的整体目标。随着“企业”这一组织管理形式逐渐臻于成熟，蕴含着企业管理内涵的企业价值观对企业发展的重要性也正在逐渐凸显。

企业需要更加周密的经营计划和更加深远的方向指引，不能仅仅停留在流程、制度和监管等企业经营的表面工作上，企业更应该关注自身尚未塑造或者已经塑造的价值观，毕竟企业价值观这种基于愿景和利益共振的企业文化更难复制，也更具核心竞争力。

在社会快速变化发展的今天，市场风向飘忽不定，产品不断更新迭代，技术创新层出不穷，管理理念日异月殊……有关企业经营的一切因素都在快速变化，只有企业的价值观不会变，因为这是企业存在的根基，也是企业发展的动力。

企业价值观看似虚无缥缈，实则长久地根植于企业经营实践与员工精神诉求中。“创新，人性化，朴实，追求大多数客户利益和意志力”是瑞典宜家的企业价值观；“要专注于我们的业务、倾听客户的需求和想法”是德国西门子的企业价值观；“以最低的价格换取最优良的产品与服务”是美国沃尔玛的企业价值观；“实现顾客利益的最大化”是日本本田的企业价值观。这些长寿的优秀企业也许价值观内涵各不相同，侧重点也各有千秋，但无一不清晰地反映出企业的经营理念与发展方向。

企业价值观是企业精神的灵魂，也是企业文化的核心，如今已经得到世界各国著名企业的普遍重视。

著名管理学家威廉·大内在浏览了大量一手资料、梳理了多个国际企业发展轨迹后，他发现日本企业和欧美企业最大的不同就是对企业文化的经营与重视程度不同。

企业价值观决定了企业的发展状况与寿命长短，拥有世界上最多长寿企业的日本正是践行企业价值观的典型代表。日本企业因为重视企业文化，重视企业价值观的塑造，员工之间才能建立紧密协作的伙伴关系，愿意朝着企业的未来一起努力，企业的劳动生产率才能不断提升。当企业价值观的塑造成为日本企业的普遍共识之后，日本能够实现经济复苏，创造商业奇迹也就不足为奇了。

进入新千年后，在近 20 年的发展中，互联网开创了一个万物互联的时代。企业经营活动所引发的协同效应透过互联网被无限放大，融入了企业的愿景、使命和宗旨的企业价值观正在将企业与员工打造成命运共同体，并将其落实到员工日常工作和企业日常运作中，在打造企业行为规范的基础上形成企业生存与发展的内在动力。

✧ 价值观引领企业未来

美国著名管理学家彼得·德鲁克认为：管理的全过程就是要使个人、团体和社会的价值观取向为了一个共同的经营目标而成为生产过程的有机组成部分。所以，企业树立什么样的价值观就决定了企业与员工的关系、企业与客户的关系以及企业与社会的关系。

首先，就企业价值观与员工而言，就如同个体价值观影响人的行为模式，企业所推崇的价值观也是员工的行动指南。企业价值观能够成为企业发展动力的一个关键因素，就在于将企业价值观根植于个人价值观中，使员工的个人行为与企业的集体行为统一起来，形成企业发展的强大合力。

如今，个人价值观对于企业价值观的影响作用逐渐增大，企业应当重视员工的职业诉求。能够兼顾工作与生活、兼顾个体独立与团队协作已经成为新时代员工的工作观，企业应当合理平衡企业价值观与个人职业诉求之间的关系。无法建立与员工一致的价值观的企业，是无法激发组织内部的创新与活力的。

其次，就企业价值观与客户而言，企业需要围绕为客户创造价值的主旨，集中企业能量，提高专注度，努力切合顾客的期望。

在这个巨变的时代，企业间的竞争已经迈入互联网下半场，在新型交互模式下企业和消费者不再具有明显的差异，消费者正在越来越多地参与到企业价值观的界定和创造之中，企业与消费者正在共同创造价值。但是，很多企业还并未意识到顾客价值对于企业经营的重要作用。

这些企业一味追求利润最大化的同时，往往会在不经意间与顾客渐行渐远，最终损害企业的长远利益。在企业与顾客共创价值的大环境下，以顾客价值最大化为目标制定企业经营战略才是时代发展的趋势，才是价值创新的不二法宝。未来，遗忘顾客的企业终将消亡，牢记顾客价值才是企业的破局之道。

最后，就企业价值观与社会而言，企业是社会发展的产物，是经济进步的结晶，贡献价值于社会应成为企业价值观的普遍体现。

改革开放已经走过了40年，过去，企业的发展以量取胜，今天，企业发展的机会来源于成长为价值型企业的过程。

企业也要知道企业文化的发展是一项长期工程，企业价值观的形成也并非一日之功，它溶于企业的每一个行为细节中，溶于企业经营管理的血液之中。我们应当根据外部环境和内部条件的变化不断调整战略、审视自身，有意识地塑造适合自己企业生存和发展的价值观，这样才是企业强本固基、基业长青的持续发展之道。

第二节 员工，企业通往成功的同行者

AI、云计算、大数据等互联网技术对于企业发展的巨大推动力正不断打造下一个独角兽，这让人们更加深刻地认识到，“互联网 +”思维带来的全新商业模式，已经让以规模和体量为王的实体经济时代成为过去式。

在新的商业模式下，科技创新、产品研发、品牌塑造成为企业价值创造的核心，而这些无一不基于员工的劳动转化。物联网时代下资本游戏规则被改写，在企业价值创造过程中，员工已不再是企业发展道路上的跟随者，而是企业通往成功道路的同行者。

✧ 从“经济人”到“知识人”

企业与员工是命运的共同体，如今企业间的竞争就是人才的竞争，这已是商业界的共识。管理学大师彼得·德鲁克在《卓有成效的管理者》一书中提出，优秀企业的一个重要标准是，不要把人当成本，要当成投资。

互联网科技对企业发展的助推作用愈演愈烈，然而我国的人口红利却到达拐点。在现代科技编织的巨大价值网中，任何细微的创新都有可能创造出巨大的价值。同时，为企业创造价值的创新活动也不再是企业 CEO 和

高管的特权，反而更多地来自于企业的基层员工。在人才逐渐成为企业价值创新的重要来源的现状下，员工已不再是企业的廉价“经济成本”，而是企业基于创新能力的“知识投资”。

员工价值逐渐得以凸显，这一变化也促使人力资源管理产生变革。传统企业是以一种上下之间互不信任的假设为基础，表现为对抗式管理，而基于互联网思维成立的互联网企业则着力形成一种协作、自由、透明的新思潮。物联网时代下新型组织架构逐渐成型，由传统的层级管理模式转变为微型扁平组织已是新兴互联网企业的普遍共识。

2018 年是小米科技创始人雷军与格力电器董事长董明珠的 10 亿赌局的最后一年，这个中国经济界最有名的赌约从 2013 年诞生伊始就是人们关注的热门话题。5 年间小米与格力之间的营收竞争，也正折射出传统经济模式和互联网模式的发展缩影。

纵观近几年两家企业发展现状，站在互联网风口的小米与积极实施转型升级的格力，二者之间的营业额差距正在不断缩小。2013 年二者还相差近 900 亿元，根据 2018 年上半年最新营收数据，小米与格力的差距已经缩小为 113.28 亿元。最终的赌约结果还未可知，但是发展迅猛的小米已经展现出了互联网企业发展的巨大潜力。

小米之所以能够实现全球智能手机市场快速扩张的重要原因之一，就是小米着力实现员工价值的最大化。小米的组织架构层级就很简单，近两万名员工只有三级组织：员工、部门主管、核心创始人，并且始终让团队保持十几人的规模。相对少的管理层级降低了管理成本，让基层员工拥有充分的自主权，让员工能够专注用户体验和产品研发。

小米借助扁平化结构将管理重心下移，提高员工自主权。实行扁平化管理模式能够加快信息纵向流动，对市场做出快速反应。

扁平化管理、不设 KPI、强调员工自主责任驱动，小米利用最简洁的管理机制实现员工价值的最大化，激励员工创新，引领企业前进方向，成功建立小米生态链，实现企业良性发展。互联网行业嗅觉最为灵敏，除了小米，许多互联网初创企业也已经认识到激发员工价值的重要性，并以提升员工价值体验为目标。

但是建立“去中心化、去权威化、自组织”的全新组织结构尚未引起所有企业重视，尤其是众多中小企业。这些中小企业亦步亦趋不断追随最新的商业模式，却始终无法舍弃对科层制垂直管理的留恋，无法与员工形成战略共识，在挖掘员工价值上止步不前。

✧ 员工，企业的经营伙伴

彼得·德鲁克曾经指出，企业经营者与员工的关系如同乐队的指挥和团员的关系。乐队指挥了解团员各自掌握的技能，能够指挥团员达到最佳演出效果。团员则需要理解指挥所描述的乐曲，配合指挥演奏。经营者和员工的共同目标便是“使演奏吸引观众”，他们应为这个目标付出最大的努力。

人力资产是企业的第一资产，企业间的差距从长期来讲就是人力资源的差距。互联网经济下，借助知识与技能员工正在以资本的形式参与到企业的经营、决策和发展中，员工的价值也在企业战略转型中得到了前所未有的体现。这一点，就体现在海尔集团艰难转型之路上。

历时 4 年，海尔已经挺过了转型升级的阵痛，正逐步实现企业的第二次高速成长。2014 年张瑞敏拿出海尔第一次战略转型时“砸冰箱”的魄力，裁掉了 1.6 万名员工，砍掉 1 万多名中层管理者，形成一条最短的指挥链。这一系列举措将海尔的 8 万多名员工优化重组成 2000 多个自主经营体，每个自主经营体就像是一个微型企业，团队内部自主驱动经营方向，自负盈亏。所有的员工都由市场驱动价值，当发现潜在商机时，企业无需审批，自行组建团队发起项目。

“让员工成为自己的CEO”是海尔对员工价值的正面肯定。海尔利用这种“人才主导机制”让每一个员工都能在企业价值网找到关键点，通过内部孵化和外部支持不断激发企业活力。“你搭台，我唱戏”，海尔通过打造出一个提升员工价值体验的企业平台，成功实现了管理和商业模式的重大战略转型。

互联网时代下网络化经济效应加强，不仅仅是海尔，华为的虚拟有限持股计划、万科的事业合伙人制、阿里巴巴的人力资本合伙人制等都在打造企业与员工的互动渠道。如今的企业已经认识到人力资本比财务资本更重要，优先投资员工价值，才能在接下来的市场争夺中占据有利地势。

稻盛和夫曾提出“把员工当作经营伙伴”的经营理念，企业需要的不应是由签订雇佣合同形成的买卖性质的劳资关系，而是同心同德、同甘共苦的伙伴关系。企业应在灵活的组织机构下将员工变成伙伴，为员工提供实现人生理想的舞台，激发人才活力，助力企业发展。

“雇佣员工来就是为了干活赚钱”的想法已经过时，互联网冲击下企业与员工掌握的信息正逐渐趋于对称，从雇佣关系转变成伙伴关系才是符合时代发展要求的民主组织形式。特别是中小企业，员工价值决定企业价值，只有将员工当成共同经营的伙伴，在企业发展中与员工同行，才能真正点燃员工热情，实现企业持续发展。

第三节　顾客，企业持续发展的原动力

企业为舟顾客为水，水能载舟亦能覆舟。顾客是企业得以安身立命的根本，也是企业持续发展的原动力。在当今越发自由开放的市场环境下，企业已经无法单方面地创造价值，比以往更具主动性和选择权的顾客正在企业经营的每一阶段不断发挥影响力，并逐渐参与到企业价值创造过程之中。在这种企业与顾客共同创造价值的新环境下，用客户思维来经营企业，是企业提升自我价值、保持行业领先的必经之路。

✧ 从“重心论”到“中心论”

中国的改革开放已经走过了 40 年，风雨中人们目睹了中国企业巨变的同时，也完成了自身的消费升级。改革开放初期，顾客只关心产品的价格和质量，“物美价廉”也就成了企业天然的招牌，如今顾客消费水平不断提升，更加注重产品的时效性和多样性，面对不断变化的顾客需求，企业也应该追随消费者的脚步及时调整经营策略。

过往企业的价值构成结构较为单一，且大多存在于产品与服务中。如今要提升企业的价值，企业不仅需要完善产品与服务，提升人才和管理创新，更要与时俱进回归到顾客层面不断钻研，更好地理解顾客的需求。总

体而言，挖掘顾客价值已经从企业经营的重心转变为企业经营的中心。

“顾客中心论”并非凭空出现，企业价值与顾客价值同根同源，共生共养，而且顾客价值已经成为企业价值成长系统的重要参照物。在这个企业与顾客一起创造价值的时代，企业需要真正以顾客为导向做出全面的改变。贴近顾客，不断关注顾客需求，不断提高顾客满意度，企业才能真正实现与顾客的沟通，将两者间的互动内化成企业发展的动力，实现企业利润和价值双向增长。

这种企业与顾客之间的互动行为对于企业创造价值的重要作用正逐渐凸显。传统经营中企业可以独立创造价值，但是在如今的消费环境下，顾客数量更加庞大、消费能力更高，数量不断增长的传统企业和跨行发展的新兴企业更是让市场竞争越发激烈。而在竞争中所有成为市场领先者的企业所表现出来的共性都是能够聚焦于顾客，企业的产品设计、生产流程以及市场流程也无一不以顾客为风向标。

在企业实际经营中，这种以顾客需求为导向的例子数不胜数。在传媒影视业中，发行方会根据用户不同的观影习惯制作不同侧重点的预告片，迎合用户的喜好从而实现更好的宣传效果。在电子商务领域，大数据的实时运算为电商从“千人一面”到“千人千面”的精准推送提供可能，从而实现更高的转换率和更优的商业模式。在家电领域，一个新产品的外观、命名、颜色都可以因为用户的反馈建议而改变，从而为顾客和产品建立情感上的紧密联系，吸引用户关注和购买。

因此，对于企业管理者来说，企业不仅仅要开发具备市场竞争力的产品和技术，更要时刻关注顾客的需求，不断研究顾客的痛点所在，及时调整经营方向。实际上企业的类型不重要，不管企业是依靠制造驱动、服务驱动，还是技术驱动，重要的是企业要找准顾客并为顾客持续贡献价值，企业提升对顾客价值的认知，这才是创造企业价值的关键所在。

✧ 顾客，企业的存活命脉

为顾客提供优异的顾客价值是创建和维持企业竞争优势的根本所在，也是企业经营活动中的行为准则。因为顾客认知不仅影响顾客购买前的购买决策心理，对产品与服务的了解意愿和购买意向，同时对购买后的满意与推荐意向产生影响。

顾客价值有多层影响，针对不同的影响因素企业内部也要相应设计多个部门。以企业最核心、也是最基本的三个部门为例，管理决策层通常从外部市场环境出发，研发人员则注重产品的设计理念和使用体验，销售人员更注重产品销售渠道的铺建与流量吸引。这些部门职能各不相同，如果各部门之间对顾客价值的概念没有达成一致，那么围绕顾客所制定的政策、产品和最终的市场结果将会产生很大程度的偏差，造成许多不必要的资源损耗，甚至会影响企业经营状况。

那么如何避免这种本末倒置的情况发生呢?

解决的办法其实不难，企业间各职能部门除了例行的管理会议，更要召开经营会议，通过各部门之间的沟通交流让企业上下对顾客价值的认知达成一致，这样企业之间各部门的合力才能真正发挥作用。企业内部间的沟通交流正是一次对顾客价值的全面探索，就企业价值链的构成要素而言，企业对顾客价值的认知分为五个层面。

顾客认知。企业在采取经营行动之前，就要借助市场调研和数据分析清楚顾客的消费需求和价值期望。这就要求企业要将思维切换至顾客视角，以此来更准确地界定并描绘目标市场。同时，在掌握顾客价值期望的基础上，辨识相同购物需求下的顾客群产生不同决策的影响因素，理性评估企业在行业间的竞争地位。在此基础上增添能够满足顾客新需求的独特体验，寻找顾客价值区隔的突破点，扩大顾客群体。

顾客期望满足。掌握顾客需求后，企业要以产品与服务为载体，满足甚至超越顾客的消费期望。顾客期望满足是企业基于自身和竞争对手对顾客做出的价值判断和价值承诺，这需要构建相应的组织结构，以顾客需求为向导开发产品与服务，在企业和顾客的沟通中满足并超越顾客的消费预期，以此提升顾客黏性和忠诚度，同时达到资源的最大效用，避免不必要的损耗。

顾客理念。对于顾客价值的认知必须深入到企业每一个员工的操作流程和执行准则中，通过系统规划顾客价值流程、建立知识管理体系，让员工能够清晰界定、规划、认同并传达顾客价值。同时，对于顾客价值的认知不但要覆盖至企业所有的经营环节中，还要摆脱一成不变的固定想法，不断追踪顾客的消费取向，将其转化为企业的潜在商机。

顾客反馈。追溯企业获取业务或者错失业务的原因有时比开展下一笔业务更有意义，通过周期性、系统性的追踪，积极寻求顾客的反馈，辅以准确的数据，有助于企业认清自身的优势和劣势。将顾客反馈结果传达至企业内部，能够帮助企业及时纠正并改善未来的经营行为。

顾客价值创新。顾客的消费需求在不同的市场环境中表现各不相同，企业需要不断纠正自身对于顾客价值区隔的判定，如果产生偏移，说明过往的顾客价值判断已经不是市场的普遍要求，企业要及时变更经营策略。同时要对变化的根源深入研究，提升预知顾客需求变化的能力，创新顾客价值，主动布局企业与顾客的关系，确保顾客黏性与忠诚度。

“互联网 +”环境下产生的全新消费模式正是顾客主动参与企业经营活动的结果，企业对于顾客价值的深入认知也正说明了互联网消费模式对于传统盈利模式的颠覆，买卖双方信息不对称的局面已经不复存在，只有深度认知顾客价值，精准探测顾客价值，才能引领顾客需求，降低经营风险，扩大企业利润区。

第四节 社会，企业基业长青的稳固器

追求利润最大化是企业的固有属性，但是单靠扩大利润区绝对无法构成一个完整企业的价值体系。在利润之上，还有企业应当承担的社会责任，这是企业基于生存和发展的双重考虑。追逐利润和贡献价值二者之间并非是矛盾冲突关系，企业作为市场参与者，市场竞争是企业价值提升的加速器；作为社会产物，为社会贡献价值是企业基业长青的稳固器。

✧ 走近企业使命

随着现代经济制度的完善，企业这一组织形式逐渐成熟，经济学家、管理学家和社会学家已经在企业如何处理与社会的关系上达成了共识。那就是企业在创造利润，对股东利益负责的同时，还要承担起企业的社会责任，强调对客户、对社会和环境的贡献。这包括遵守商业道德、生产安全、职业健康、保护职工合法权益、保护环境、节约资源等。

在这种共识下，企业需要正确认识承担社会责任与追求利润的关系。企业在承担社会责任的时候，一定会产生一些成本，在短期内和企业利润追求有一定的冲突。但是，企业在承担社会责任的时候，消除了企业将来

可能发生的矛盾冲突，节省了解决潜在矛盾冲突的巨额成本，所以，从企业的长远发展来看，承担社会责任和企业盈利的目的并不冲突。

因此，企业应该将承担社会责任的成本视作投资而不是费用。在快速变化的市场竞争环境中摆脱将利润作为唯一生存目标的传统理念，主动承担社会责任，将社会责任融入企业使命，这其实是企业对未来稳固发展目标的一种隐形战略投资。

任正非曾说，活下来是华为的最低纲领，也是最高纲领。生存这是每一个企业都应该思考的问题，但是实现了生存的基本目标后，能否将企业对社会责任的思考融入发展方向和企业使命，就成为伟大企业和平庸企业的分水岭。

企业能否从平庸走向伟大，取决于企业价值观的指引。价值观受企业愿景所指引、企业使命所驱动，它决定了企业的发展和寿命。企业的愿景、使命和价值观构成一个企业文化之根本，在这其中，企业使命与企业社会责任的联系最为紧密，使命决定了企业经营行为的价值志向和战略定位，明确了企业发展的基本任务和指导原则，指明了企业应如何对经济和社会贡献价值。

透过一个企业的使命往往能够看出企业想要与社会建立的理想关系。通用电气公司坚持“让世界更光明”的使命，百年基业不倒，成功登上世界动力巨头王座；迪士尼奉行“让世界快乐起来”的使命，童话王国遍布世界各地；阿里巴巴因为有“让天下没有难做的生意”的使命，才能建立庞大商业帝国；腾讯坚持“通过互联网服务提升人类生活品质”，才构建出如今全球最大的社交平台。

这些企业的目标客户、业务范围、盈利模式，甚至发展使命都各不相同，但都有一个共同点，那就是将企业发展使命与社会责任结合起来，为企业经营活动赋予更深远的社会意义。无论企业规模大小，承担社会责任都应成为企业的行动自觉，这是企业走向卓越的必经之路。

✧ 走出商业怪圈

在经济发展速度越来越快的今天，到处弥漫着“过度营销”的投机氛围。在资本的裹挟下企业从创立到上市的时间被压缩、被加速，企业急速扩张的进程背后，是企业间普遍疏于企业文化构建设计的潜在危机。

一个速成的企业往往很难有基于自身长远经营行为和文化认知自然沉淀出的企业愿景、使命和价值观，只能在外部市场风向驱使下粗浅地复制当下流行的企业文化。正是因为企业无法正确衡量企业获取利润和贡献社会价值之间的关系，导致企业发展过程中呈现出资本估值与企业口碑两极化的怪状，长此以往，就会成为企业危机的潜在导火索。

那么企业应如何摆脱病态的商业逻辑，避免走入商业怪圈呢？这需要企业在消费者、社会和环境三方面全方位提升企业声誉。

企业声誉是社会公众对企业行为的一种评价和认可，这是企业基于企业形象、自我认同和期望认同三个层次下可持续的无形资产。具备良好企业声誉的企业往往比企业声誉不尽人意的企业拥有更多的商业优势，能够在人才吸引、客户忠诚度和构筑市场壁垒上普遍占据有利地位，可以为企业带来意想不到的社会资源和发展机遇。

在互联网时代，信息传播的广泛性和公众信息获取的便利性，使得社会对企业发展的关注度不断提高，良好的社会反馈能够为企业苦心经营的企业声誉提供极佳的传播氛围，获取公众支持下的巨大收益回报。但是当企业做出损害社会公众利益的经营行为时，也会急速恶化企业长期经营的企业声誉，对企业的后续发展产生不良影响。因此，如何维护并提升企业声誉至关重要。

首先，企业要对消费者负责，构建信用体系。

经过近十年的发展，阿里巴巴成功将传统商务互联网化，也构建出了自己的商业帝国。但是回顾其发展历史，阿里巴巴也曾一度陷入平台造假、扰乱市场秩序的负面舆论。为实现企业的可持续发展，阿里巴巴投入大量人力、财力构建了电子商务诚信创新体系，在长期的商业运作下逐渐挽回了企业的声誉和口碑。这背后自然有阿里巴巴追求商业成功的动机，但也是由于阿里巴巴将诚信体系建设作为一种企业应当承担的社会责任，顺应了社会发展的内在要求和企业的价值取向。

其次，企业要对社会负责，营造健康市场氛围。

滴滴出行从产品上线以来，不过6年就成长为现在百亿美元估值的庞然大物。这家独角兽级别的互联网巨头在资本的扶持下打败了一系列的竞争对手，改变了人们出行方式的滴滴却因安全问题遭遇口碑和声誉的断崖式下跌。滴滴顺风车业务无限期整改的背后是对企业业务衍生的社会责任的忽视，因此，企业应当提前对可能产生的社会问题建立预警机制，维护社会公众利益，这不仅是对社会负责，也是企业可持续发展的重要前提。

最后，企业要对环境负责，提升效率赋能发展。

前几年大热的“共享经济”催生出一众互联网企业，然而资本抉择后共享单车这一“时代风口”已经变成“城市之癌”，堆积如山的废弃共享单车不但是同质化企业破产的证明，更是社会资源的极大浪费。“绿色经济”不应是响应政府的口号，更应该是企业经营的集体共识。企业在制造产品、扩展业务的同时，也应该致力于提升效率、降低能耗的产业措施，这不仅仅有助于企业转型升级，更是对环境负责、贡献价值的体现。

企业要将应当承担的社会责任看作一种战略投资，而不是一种危机公关的手段。提升企业声誉、实现利润与口碑双赢依赖于企业所构建的企业使命体系和价值观体系。向社会贡献价值，企业才能收获美好未来。企业在创造社会经济财富的同时，也应树立并强化企业与社会的命运共同体意识，将对企业社会责任的思考融入企业的战略规划之中，实现企业与社会的共同发展与进步。

第十章
永不落败的商业模式

自企业这一组织方式诞生以来，在社会发展的不同阶段，企业对于价值主体的认知也在不断深化。从劳动价值理论到资本价值理论，再到如今的客户价值理论，企业在以商业利润为结果导向的前提下，始终跟随科技和社会的脚步不断变革商业模式。但是企业并非总能掌握未来的经济走向，唯一确定的是，无论下一个经济运行模式是何种形态，对于企业价值的追求是企业经营活动中永恒不变的法则。

奉行价值为本，才能在风起云涌的市场环境下永不落败；学会创造价值，才能为企业发展提供无限可能；持续贡献价值，才能打造企业美好未来。

第一节　创造价值，铸无限可能

追求利润最大化不是企业的最终目的，创造价值才是企业长远的发展诉求。就像德鲁克说的那样："利润最大化并不能说明应该如何经营一家企业，其概念本身也是毫无意义的。利润并不是企业行为和企业决策的解释、原因或其合理性的依据，而是对其有效性的一种考验。"

企业只有主动创造价值，才有无限的可能，从时代的追随者转变为时代的引领者。

✧ 下一个时代引领者

20 年前，最具价值的企业往往与资源有着紧密联系，如 GE、可口可乐等。在那个时代，资源造就了一个个行业巨头。20 年后，最具价值的企业榜单已被大清洗，排在前列的是苹果、谷歌、腾讯等新型价值公司。它们改写了人类的生活方式，引领着时代的发展。那么，下一个 20 年，时代的引领者又是谁呢？

答案是：创造价值的企业将持续引领时代走向。

2018 年，时代拐点已来。这一年，全民创业激情逐渐冷却，资本由狂欢重新回归理性。根据36氪创投研究院发布的《2018中国创投白皮书》研究报告，从2018年年初开始就已经初显融资难的趋势，加上国家《关于规范金融机构资产管理业务的指导意见》的出台，这一被称为“史上最严”的监管资管新规，使得一级市场资金大幅下跌。这样的状况使企业的日子过得并不太舒服，尤其是中小企业。

过去几年里，许多商业模式较为完善的企业无须担心募集资金的问题，从2018年开始，许多企业在募集下一轮资金时却普遍遭遇瓶颈。一众企业面临“资管收紧、融资困难、退出艰辛”的现状，这些迹象表明，在如今严峻的资本形势下，曾经普遍乐观的创投市场早已不复存在了。

与此同时，和普遍遭遇融资困难的中小企业相比，具备较为完善商业模式的独角兽企业却逆势而起，普遍获得了高额投资。这是因为市场上良好的投资标的减少，导致市场投资数量下降而投资金额却大幅上涨。具备高成长性、有退出前景的独角兽项目的融资自然供不应求。可见，在资本深度洗牌中，能够持续创造价值、实现精细化和专业化经营的企业才是投资机构眼中的“潜力股”。

市场寒冬中，对于企业经营者来说，在资金流动性不足、企业发展进程受阻、资金链断裂导致项目停滞客户流失的情况下、生存成为企业经营者需要思考的首要问题，如何获取投资人的持续信任也成为企业获取后续发展动力的关键。

面对流动性降低的市场和逐步回归理性的市场投资，只有优质的企业经营者和较为成熟的经营项目才能从本质上提升企业的竞争力。进一步研究资本走向和投资项目构成后可以发现，如今C端竞争激烈，更多投资人和企业经营者向B端的蓝海市场转移。这是因为暨“共享经济”“新零售”“人工智能”等热潮之后，资本依旧集中于金融、交通、物流、医疗等传统热门企业，另外以企业服务为代表的技术驱动型产业是投资机构一直较为关注的领域。

这是最坏的时代，也是最好的时代。那些价值产出低的企业面对的是如何生存下去的问题，其不可避免地走向了衰落，并迅速被历史所淹没；那些价值产出不断的企业面对的是如何迅速发展的问题，不管寒冬何时到来，机遇总是偏向它。

这个时代属于价值创造者，它们引领着时代的发展。

✧ 重塑价值，开启未来

持续创造价值是企业保持生命力的基础，懂得利用资本是企业成长的助推器。资本经济时代，企业对资本市场的嗅觉愈发敏感，了解资本的未来走向是企业获得资本的前提。今天，我们很难预测下一个风口是什么，但是无论市场如何变化，资本总是会流向更具价值的企业。

企业要想迈上更高的台阶，就要吸引并有效发挥资本的作用，用更小的代价、更低的风险，创造更大的价值。在这过程中，企业需要在创造价值过程中逐步提升三大能力。

市场竞争能力。企业的目标市场就是企业产品与服务所对标的顾客。为顾客创造价值是企业经营行为的基本原则，也是企业提升市场竞争力的根本所在。如果企业只能看到自己同行业的竞争对手，不惜损害自身利益大打价格战，虽然在短期内能够提升一定的市场覆盖率，但长远下去必定遭到市场的反噬。无时无刻不在交互的互联网时代，企业与其警惕可能出现的对手，不如去研究顾客的真正需求，致力于顾客价值的创新，这才是企业真正的竞争力所在。

强化获利增值能力。一个企业的盈利能力是衡量企业竞争力最直观的指标。在有效的商业模式和合理的价值链中，企业能够将低成本的投入转化为高利润的产出，是企业追求的理想经营状态。不管企业是何种类型，均需要通过增加无形资产、提高产品技术含量、建立高效协作团队以及提升社会效益这几大基本举措来实现企业价值增值。强化企业获利增值能力既是企业增强竞争实力的一般路径，更是企业管理者、股东及客户共同的利益诉求。

增强抵御风险能力。在世界经济增速总体放缓的市场环境大背景下，许多企业受到波及遭遇经营危机。因此，我们更应该深度认知企业即将面临的政治、法律、社会等多重风险，预先建立并完善规避风险和控制管理的体制机制。抵御风险能力是企业在日常经营管理行为中必须思考和面对的问题。经济形势复杂多变，企业更要眼观六路，耳听八方，及时感知并应对风险。

企业创造价值，也是为企业的未来创造无限的可能性。在数字化生存时代，在同一个起跑线上，谁能在价值创造上有所作为，并满足消费者的个性化需求，谁就能找到生存与发展之道。

第二节　贡献价值，造美好未来

互联网时代，企业的一举一动都在人们的视线之下，人们对企业发展的可持续性和对社会贡献度的讨论也愈发强烈。企业与大众之间的关系既对立又统一，企业追求商业效益和经济价值无可厚非，但是当企业的经营行为与生态环境、社会福祉及大众诉求产生矛盾时，就将会影响企业的长远发展。

海尔集团创始人张瑞敏曾说过：“一个企业如果没有为社会贡献价值，就不应该存在。”企业以为创造利润就是创造价值，实际上利润不等同于价值，利润是企业对标当下的直观概念，而价值则是企业对标未来的抽象概念。着眼于眼前利润的企业往往昙花一现，持续贡献价值的企业才能基业长青。

✧ 共享价值，彼此双赢

过去的历史课本中对某个资本家是这样描述的：在生产过剩的情况下，资本家将牛奶倾倒在密西西比河。一边是没钱消费的平民，另一边则是大量销毁物资的资本家。课本中没有标注那家牛奶企业的名字，但它绝对无法存活到今天。

一边是不知名的牛奶企业，另一边是传承百年的可口可乐。从 1886 年到 2018 年，可口可乐已经走过了 132 个年头，在此期间可口可乐从未改变的是对公益的坚持。可口可乐始终坚持“把生意与善意最大限度地结合，把创造‘共享价值’作为企业发展的核心战略，通过对可持续发展项目生态圈的持续改进和推广，实现企业与社会共享价值的效益最大化”。

在南亚的外籍工人厂区与生活区中，标有可口可乐标志的电话亭格外醒目。这是迪拜可口可乐专门开发的一款电话亭装置，只需一个可口可乐瓶盖便可免费拨打三分钟的国际电话。可解乡愁的电话是可口可乐回馈给社会的礼物，同时也让其品牌传递得更远、更广。

最开始，可口可乐的使命是让人们能够喝上可口可乐的水，但是当进军国际市场后，可口可乐发现，这个世界上还有那么多的国家和地区基础供水设施不完善，还有很多人喝水是一个难题。之后，可口可乐更是投入重金致力于世界各地的基础供水。例如，在中国，可口可乐发起“净水计划”，为农村学校设置净水设施、专用水，帮助学校进行校园安全饮水卫生教育等。

一系列公益举动的背后，是可口可乐对社会的爱。同时，在贡献价值的过程中，可口可乐的团队凝聚力、品牌影响力等也在不断增强。

✧ 贡献价值，筑梦未来

社会责任感和使命感是一个伟大企业必备的优秀品质，在兼顾各方利益诉求的基础下，为经济发展和社会进步做出贡献，是企业反哺社会、造福大众的长远目标。

衡量企业价值需要考虑企业的有形资产和无形资产，兼顾考虑声誉、品牌、文化以及价值观这些非财务指标，这样才能更加准确和全面地评估企业价值。重视企业非财务指标的理由，就是这些看似非盈利因素实际上正在企业经营中起着越来越重要的作用。

企业贡献价值对企业发展的影响虽然大体是间接性的，但也是长远性的。

随着终端媒体的快速普及，品牌对于企业发展的重要性已成为社会的普遍共识。在信息壁垒逐渐消亡的今天，以技术为主导的产品差异化也正在逐渐缩小，基于企业文化的产品体验在消费者的决策中占据关键作用，企业对于品牌、形象和声誉的塑造行为也逐渐从企业内部扩大至整个社会。

在历史的沿革中，因为只关注经济利益、牺牲社会利益和环境效益，最终走向灭亡的企业数不胜数。这种挥霍信任、透支明天的行为并不可取，主动承担社会责任，向社会贡献价值才是企业实现长远发展的必然选择。

在社会发展的新阶段，人们又为企业贡献价值注入了更多的思考，社会责任成为价值型企业的主要内涵之一。正因如此，企业的领导者更应该将贡献价值、承担社会责任作为企业战略设计的重要组成部分，致力于企业价值成长，以价值创造和价值贡献持续创造稳健收益。

面对互联网环境下无法预知的新挑战，企业不知道下一个竞争对手将出现在世界的哪一个角落，也不知道新的商业模式会如何冲击自身现有经营体系。在这种持续的不确定性下，企业要想成为消费者不可替代的选择显然更加困难，但这也是企业突破现有边界、聚焦自身价值的一个契机。

李会连

总经理
云南湘昆投资有限公司

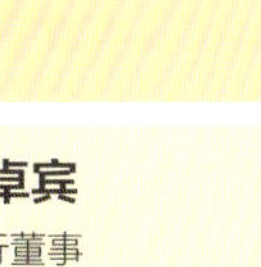

王婷婷

陈卓宾

执行董事
珠海市元泰环保产业开发有限公司

李训明

董事长兼总经理
九江顺民养老产业有限公司

周龙

袁兴毛

总裁
梦琴卡瘦创业

李忠庆

董事长
深圳兴万业投资有限公司

周泽宏

总经理
深圳市弘电显示技术有限公司

葛觉荣

董事长
贴心物流有限公司
北京影都映像文化传媒有限公司

徐健茗

七彩人生创始人
色彩能量学研发人

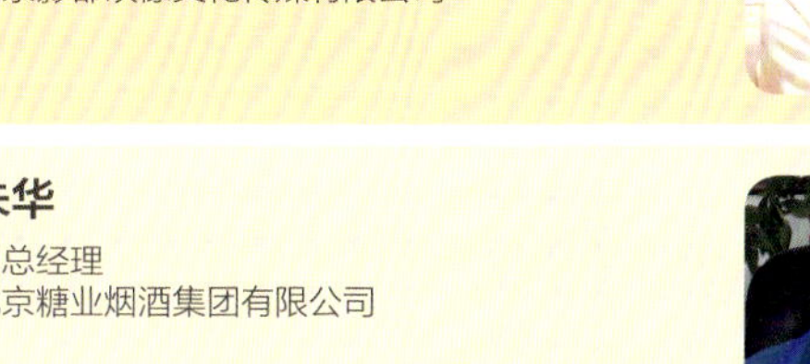

朱华

副总经理
北京糖业烟酒集团有限公司

张伟

董事长
泸州国之酿酒有限公司

孙丽娟

董事长
北京京外葡源旅游开发有限公司

夏宥淇

CEO
北京柏林瀚体育文化发展有限公司

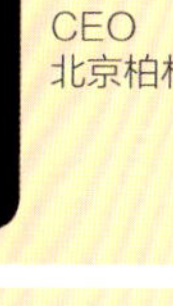

张四新

董事长
中都集团（信阳市中都远大置业有限公司\
驻马店市中都房地产有限公司）

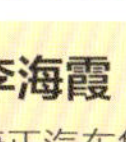

李海霞

康正汽车集团　董事会成员
若木全屋整装、德汇天下酒庄　总代理

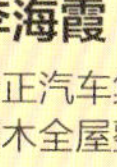

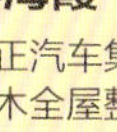

罗国华

董事总经理
广州华楠科技咨询有限公司

夏春

香港春式控股有限公司
江苏春轼文化传媒有限公司
苏州春轼美容护肤有限公司
苏州工业园区春轼医疗美容诊所有限公司　董事长

瞿竹希

创始人、总经理
北京阿卡索健康管理有限公司

袁帅帅

董事长
帅旗（上海）餐饮管理有限公司
上海梓博投资管理有限公司

仇俊涛

董事长
云南星耀生物制品有限公司

李向阳

董事长
阳光楚康校园超市管理有限公司

马中月

执行董事
深圳市麦私凯航空服务有限公司

郑殿春

董事长
郑氏佳禾（北京）生物技术有限公司

王钦波

董事长
深圳市冠通汽车驾驶培训有限公司

梁琼芳

总经理
深圳市驿马全球供应链有限公司

张凡科

董事长
深圳市张大福珠宝首饰有限公司

肖根华

董事长
宅配壹号互联网平台发展有限公司